"十三五"职业教育汽车类专业"互联网+"创新教材

车身测量与校正

主　编　牟　凯　朱郁华

副主编　王　群

参　编　周志巍　李联保　徐　敏

主　审　叶建华

机械工业出版社

"车身测量与校正"是培养汽车焊接工作岗位群实践技能的一门必修课程，是汽车车身修复专业课程体系的重要组成部分。本书是"十三五"职业教育汽车类专业"互联网+"创新教材，本书内容主要包括车身结构认知与尺寸判别、车身大损伤诊断技巧、专用设备使用方法、车身校正作业流程、竣工安全性质量检查、最新车身维修设备介绍六大项目。本书配套"数字资源"，凸显立体化、信息化，根据不同的知识特点，配置动画、视频等不同的数字资源，学习者可以扫描二维码进行学习。

　　本书既可作为汽车车身修复专业核心课程教材，也可以作为汽车运用与维修专业钣金方向教材，或作为技能培训、等级工考核等教材。

　　为方便教学，凡选用本书作为授课教材的教师，均可登录 www.cmpedu.com 以教师身份免费注册、下载电子课件。

图书在版编目（CIP）数据

车身测量与校正 / 牟凯，朱郁华主编. —北京：机械工业出版社，2020.9（2022.1重印）

"十三五"职业教育汽车类专业"互联网+"创新教材

ISBN 978-7-111-65922-8

Ⅰ.①车…　Ⅱ.①牟…②朱…　Ⅲ.①汽车—车体—车辆修理—职业教育—教材　Ⅳ.①U472.4

中国版本图书馆CIP数据核字（2020）第106291号

机械工业出版社（北京市百万庄大街22号　邮政编码100037）
策划编辑：曹新宇　责任编辑：曹新宇
责任校对：樊钟英　封面设计：鞠　杨
责任印制：常天培
固安县铭成印刷有限公司印刷
2022年1月第1版第2次印刷
184mm×260mm·10.5印张·254千字
标准书号：ISBN 978-7-111-65922-8
定价：48.00元

电话服务　　　　　　　　　　网络服务
客服电话：010-88361066　　　机　工　官　网：www.cmpbook.com
　　　　　010-88379833　　　机　工　官　博：weibo.com/cmp1952
　　　　　010-68326294　　　金　书　网：www.golden-book.com
封底无防伪标均为盗版　　机工教育服务网：www.cmpedu.com

前 言

本教材根据《国家职业教育改革实施方案》《教育信息化 2.0 行动计划》以及职业教育"1+X"证书制度改革的精神编写。"车身测量与校正"是培养汽车焊接工作岗位群实践技能的一门必修课程，是汽车车身修复专业课程体系的重要组成部分，是培养车身修复维修技术人才必不可少的重要途径。通过本课程的学习使学生掌握车身损伤判断和车身修复技术，培养学生分析车身损伤以及车身修复的基本能力，同时培养学生的逻辑思维能力和分析问题与解决问题的能力。

在教材开发的过程中，编写组坚持教材教学内容来源于实际工作任务，与汽车车身修复工作任务对接，以工作过程为教学过程。通过高度模拟实际工作内容的项目化课程培养综合素养、技能优秀的汽车修复人才。教学内容以"项目导向"为编写主线对接实际工作任务，打破传统教材"篇、章、节"的编排方式，以学生需求为出发点设计模块化学习内容。

同时，教材以"数字资源"为支撑，凸显立体化、信息化，根据不同的知识特点，配置动画、视频等不同的数字资源，并在相应的知识点附近配备二维码，学习者可以扫描二维码调取数字资源进行学习。

本教材的编写严格经过教材定位、调研研讨、编写初稿、专家论证等阶段，经过多位行业专家的指导，最终提炼出了 6 个典型工作项目、12 个工作任务，各项目课时分配见下表。

项目	项目名称	课时
一	车身结构认知与尺寸判别	8
二	车身大损伤诊断技巧	8
三	专用设备使用方法	8
四	车身校正作业流程	16
五	竣工安全性质量检查	16
六	最新车身维修设备介绍	8
合计		64

本教材由上海市曹杨职业技术学校牟凯和朱郁华任主编，上海市曹杨职业技术学校王群任副主编，参与编写的还有上海交通职业技术学院周志巍、李联保、徐敏。世界技能大赛中国组专家叶建华任主审。本书在编写过程中得到了上海大众核心职业能力提升培训团队陈云富以及上海景格科技有限公司的帮助，在此表示衷心感谢！

由于编者水平有限，书中难免存在不妥和疏漏之处，敬请各位读者批评指正。

编　者

二维码索引

（续）

序号	二维码及名称	页码	序号	二维码及名称	页码	序号	二维码及名称	页码
13	汽车车身材料	17	19	侧面碰撞损伤	33	25	侧面碰撞损伤	37
14	撞击效应理论	30	20	前部撞击时力的传递路径	35	26	事故损伤类型：一次损伤	37
15	撞击损伤程度与撞击面积的关系	30	21	后部撞击时力的传递路径	35	27	事故损伤类型：二次损伤	38
16	受压面积大	31	22	侧面撞击时力的传递路径	35	28	水平基准面	52
17	受压面积小	31	23	前部碰撞损伤	36	29	中心面	53
18	速度影响车身变形	31	24	后部碰撞损伤	36	30	零平面	53

（续）

目　录

项目一　车身结构认知与尺寸判别

由动力驱动，具有四个或四个以上车轮的非轨道承载的车辆统称为汽车，汽车一般由发动机、底盘、车身和电气设备四个基本部分组成。其中，车身由前围、侧围、后围、顶盖、地板等组成。车身按受力情况分为承载式车身、半承载式车身和非承载式车身。

在进行车身修理前，首先要对车身尺寸进行判别，这是修理的基础，也是决定修理质量的关键。车身尺寸可以通过多个角度、多种形式进行判别。

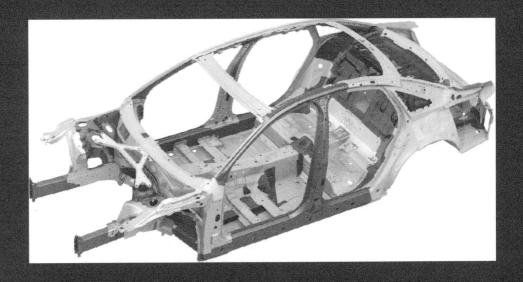

任务一

汽车车身结构认知

 任务目标

	1. 能描述承载式车身的结构及特点。
知识目标	2. 能描述非承载式车身的结构及特点。
	3. 能列举汽车车身常用的材料。
	4. 能指出承载式车身的吸能区。
能力目标	能够正确识别承载式车身与非承载式车身的基本结构。

 知识准备

一、承载式车身

（一）承载式车身基础知识

1. 钢板车身（如图 1-1 所示）

1）整个汽车车身是以不同形状的薄钢板（厚度 0.6~2.3mm）经由电阻点焊组合而成，可将受力分散到整个车身，足以承受加速、减速及过弯时车身扭曲所产生的作用力变化。

2）整个车身有 6000~10000 个部位，使用电阻点焊焊接成。

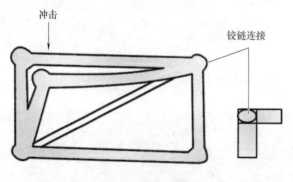

图 1-1　钢板车身

2. 刚架结构（如图 1-2 所示）

利用电阻点焊将组件接合而成的结构为刚性构架（刚架），任何一点所受的作用力都会通过焊接的结点分散到整个车身。

车身有任何损伤时都必须检查整个车身，以确认受损范围，因为刚架结构的变形可能会延伸到极大的范围，不仅限于受损部位周边，甚至可能扩大到车身的另外一边。

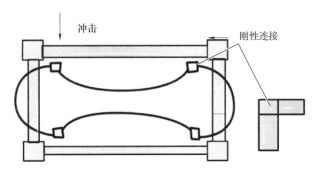

图 1-2　刚架车身

3. 刚架结构的变形

1）图 1-3 是刚架结构在受力时变形状况。

2）刚架结构在单点受力时会将作用力通过构件的结点分散到整个结构。

3）车辆发生意外事故时，撞击力量可能会以各种角度作用在车身不同位置，而且车身会在各个部位增设强化构件，并利用溃缩区结构防止图 1-3 所示变形发生。

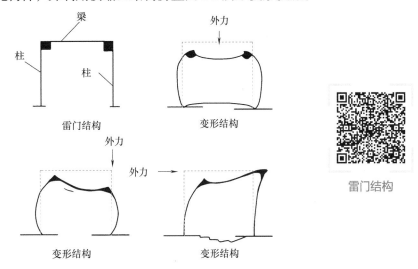

图 1-3　刚架结构的变形

雷门结构

（二）承载式车身结构

承载式车身也叫整体式车身，它取消了车架，作为发动机和底盘各总成的安装基体，直接冲压成型。车身结构件隐藏在车身覆盖件之下，车身兼起车架的作用，将所有部件固定在车身上，所有的力也是由车身来承受。承载式车身质量轻，且地板高度较低，上、下车比较方便，因此广泛用于轿车上，如图 1-4 所示。承载式车身的结构如图 1-5 所示。

承载式车身

图 1-4　承载式车身

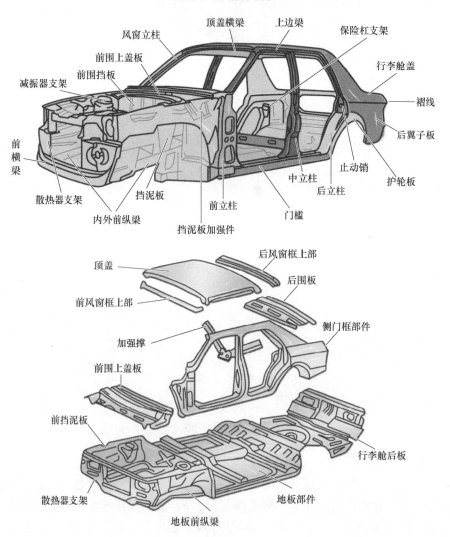

图 1-5　承载式车身结构

（三）承载式车身前部结构（以前置前驱汽车为例）

承载式车身前部由发动机舱、前翼子板、散热器上下支架、散热器侧支架、前横梁、前纵梁、前挡泥板和用薄钢板冲压的前围挡板等构成。

车身前部的精度对前轮定位有直接影响，所以在完成车身前部修理以后，一定要检查前轮的定位。

1. 发动机前纵置前轮驱动汽车的车身前部

发动机前纵置前轮驱动汽车的车身前部结构如图 1-6 所示。为了增加前挡泥板的强度和刚度，将前挡泥板与前围上盖板、前纵梁焊接在一起。由于前置前驱汽车车身前部承受的载荷较大，其扭力箱焊接在前纵梁的后端，所以其前纵梁比前置后驱汽车的相应构件强度要大。

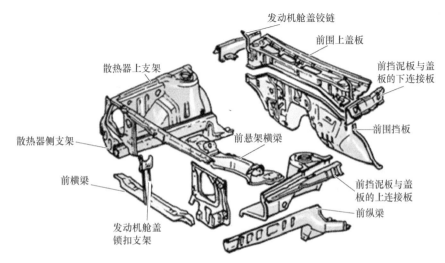

图 1-6　发动机前纵置前轮驱动汽车的车身前部结构

2. 发动机前横置前轮驱动汽车的车身前部

发动机前横置前轮驱动汽车的车身前部结构如图 1-7 所示。由于转向操纵机构的齿轮齿条装在前围挡板的下部，转向传动杆系通过前横梁后部的大开口和悬架臂一起装在直对开口下面的结构上，所以其车身前部的前围挡板和前纵梁与纵向放置发动机的前轮驱动汽车完全不同。

（四）承载式车身侧部结构

承载式车身侧部结构如图 1-8 所示，前立柱、中立柱、门槛、上边梁等部位都采用三层板设计，同时应用了大量的高强度钢，以防止前方、后方和侧面的碰撞引起车身侧部变形。立柱、顶盖、地板等共同形成客舱。在行驶中，这些板件把从汽车底部传来的载荷传递到汽车的上部部件，并阻止车身向左右两侧弯曲。立柱也作为门的支架，在汽车翻倒时能保持客舱的完整性。车身侧部由于有车门，其强度被削弱，因而用连接的内部和外部板件来加强，形成一个强固的箱形结构。

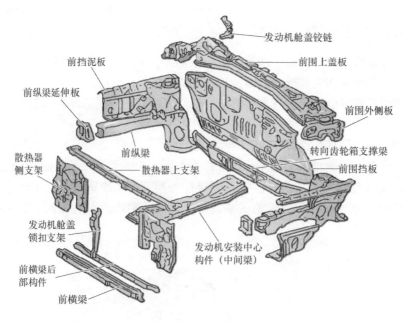

图 1-7　发动机前横置前轮驱动汽车的车身前部结构

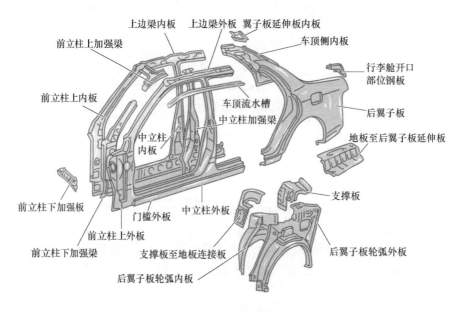

图 1-8　承载式车身侧部结构

（五）承载式车身后部结构（以前置前驱汽车为例）

前置前驱汽车的车身后部由上下两部分组成，上部由背门板、下后板、后侧板、后轮护轮板外板、后轮护轮板内板组成（图 1-9a），下部由后地板横梁和后地板纵梁等组成（图 1-9b）。因发动机前置前轮驱动，油箱又安装在中央地板下面，这使后地板纵梁比后轮驱动汽车的低，后地板纵梁的较低部分与后悬架臂连接。当发生后面碰撞时，大部分的撞击力可由行李舱空间吸收，但对后轮定位的影响比后轮驱动汽车要大得多。因此，每次在车身后部修理完成后都应当检查后轮的定位。后地板纵梁的后段都经过波纹加工，以提高吸收撞击的效果；后地板纵梁的后段和后地板纵梁是分开的，车身维修时有利于更换作业（图 1-10）。

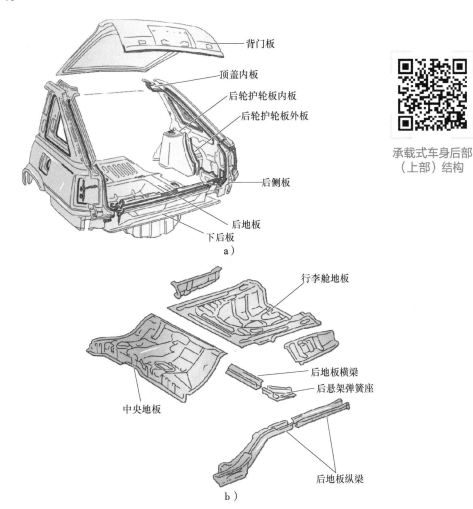

承载式车身后部
（上部）结构

图 1-9　承载式车身后部结构

a）上部　b）下部

（六）汽车车身覆盖件

汽车车身覆盖件是指覆盖在车身骨架表面上的板制件，主要包括车门、前翼子板、侧围板、发动机舱盖、顶盖、行李舱盖等，如图 1-11 所示。车身覆盖件既是外观装饰性的零件，又是封闭薄壳状的受力零件。

（七）承载式车身的吸能区

为了在发生碰撞时更好地保护车内乘员的安全，车身前后部均应设计吸能区。车身受到撞击时，前后部构件溃缩而吸收撞击能量，以减小传递到客舱的撞击力，如图 1-12 所示。

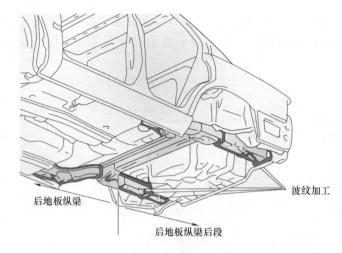

图 1-10　后地板纵梁结构

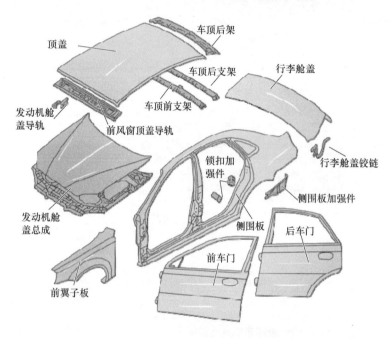

汽车车身覆盖件

图 1-11　汽车车身覆盖件

图 1-12　承载式车身的吸能区

（八）承载式车身的特点

承载式车身是由冲压成不同形状的薄钢板用电阻点焊连接成的一个整体，其特点有：

1）承载式车身的主要部件是焊接在一起的，车身易于形成紧密的结构，有助于在碰撞时保护车内乘员。

2）由于没有独立车架，车身紧挨地面，质心低，行驶稳定性较好。

3）承载式车身结构紧凑，质量轻；内部的空间大，汽车可以小型化。

4）承载式车身刚性较大，有助于向整个车身传递和分散冲击能量，使远离冲击点的一些部位也会有变形。

5）当碰撞程度相同时，承载式车身的损坏情况要比非承载式车身更为复杂，修复前要做彻底的损坏分析。车身一旦损坏变形，则需要采用特殊的（不会导致进一步损坏）程序来恢复原来的形状。

承载式车身的检查中容易忽略远离碰撞点的一些不明显的损坏，但这些损坏在以后可能会引起操纵或动力系统的故障。承载式车身前部结构比非承载式车身复杂得多，其车身前部不仅装有前悬架构件和操纵联动装置，而且装有发动机、传动装置等部件，车身前部板件承受的载荷更大，要求车身前部的刚性要好。

二、非承载式车身

（一）非承载式车身结构

非承载式车身也叫车架式车身，如图 1-13 所示，其有独立的车架，车身本体悬置于车架上，用弹性元件连接，车架承受汽车受到的大部分应力。非承载式车身比较笨重，质量大，汽车重心高，高速行驶稳定性较差，一般用在货车、客车和越野车上；同时，这类车身具有噪声低、平稳性和安全性较好的优点，所以也有少部分的高级轿车采用。非承载式车身的结构如图 1-14 所示。

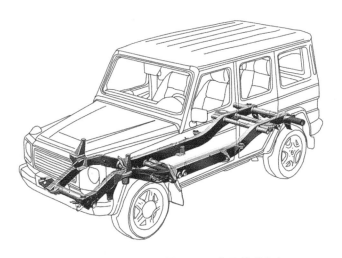

非承载式车身

图 1-13　非承载式车身

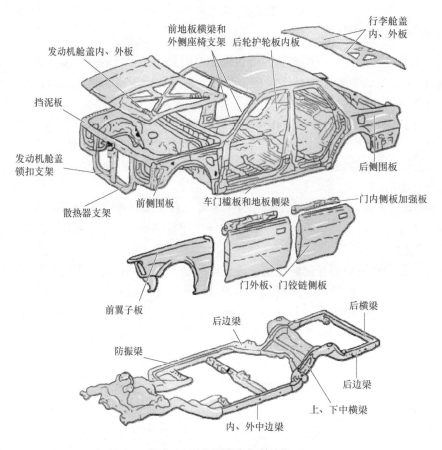

发动机舱盖内、外板

前地板横梁和
外侧座椅支架

后轮护轮板内板

行李舱盖
内、外板

挡泥板

发动机舱盖
锁扣支架

后侧围板

前侧围板

散热器支架

车门槛板和地板侧梁

门内侧板加强板

门外板、门铰链侧板

前翼子板

后横梁

后边梁

防振梁

后边梁

上、下中横梁

内、外中边梁

图 1-14　非承载式车身结构

（二）非承载式前车身

非承载式前车身由散热器支架、前翼子板、发动机舱盖和前挡泥板等组成，如图 1-15 所示。非承载式车身的前翼子板不同于承载式车身的前翼子板，其上边内部和后端是点焊的，不仅增加了翼子板的强度和刚性，并且与前挡泥板一起降低了传到客舱的振动和噪声，也有利于减小悬架及发动机在侧向冲击时受到的损伤。

（三）非承载式主车身

客舱和行李舱焊接在一起构成主车身，由围板、地板、顶盖等组成，如图 1-16 所示。地板的前面有一个传动轴凹槽，纵贯地板中心。当客舱受到侧向冲击碰撞时，可使上边梁、车门和侧面车身得到保护。地板的前后和左右边侧用压花工艺做成皱折，以增加地板的刚度并减少振动。

三、力学基础

（一）力的三要素

力是物体间的相互作用，是使物体的运动状态或形状发生改变的原因。力对物体的作用效果取决于力的三要素，即力的大小、力的方向、力的作用点，如图 1-17 所示。力的三要素中任何一个要素发生改变时，力对物体的作用效果也随之改变。

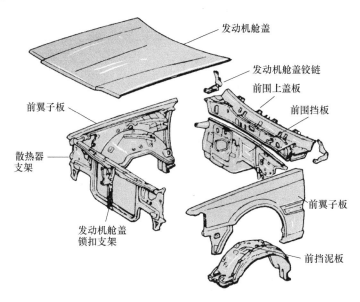

非承载式车身
前部结构

图 1-15　非承载式车身前部结构

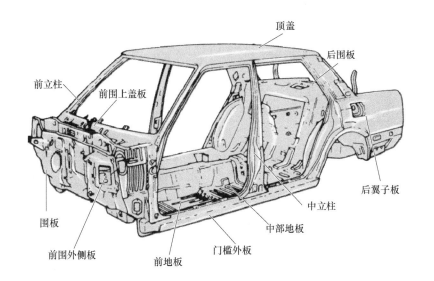

非承载式
主车身结构

图 1-16　非承载式主车身结构

（二）力的分解与合成

力的分解与合成遵循平行四边形定则。平行四边形定则指以表示两个共点力的有向线段为邻边作平行四边形，该平行四边形的对角线即表示合力的大小和方向。

力的三要素

图 1-17　力的三要素

如图 1-18 所示，如果撞击力以一个横向夹角 β 作用在 A 点时，则这个力可分解为：A—C 纵向分力和 A—E 横向分力。因此，车辆受到 A′—A 的撞击力时会产生三个分力：将翼子板往下推的 A—B 分力，将翼子板朝发动机舱盖方向推的 A—E 分力和将翼子板往后推的 A—C 分力。

（三）牛顿第一定律

牛顿第一定律为：任何物体在不受任何外力的作用下，总保持匀速直线运动状态或静止状态，直到有外力迫使它改变这种状态为止。

物体保持运动状态不变的特性叫作惯性，所以牛顿第一定律也叫惯性定律。牛顿第一定律说明了两个问题：

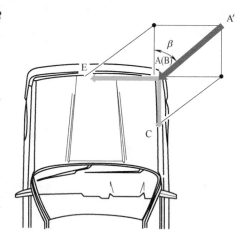

图 1-18　力的分解与合成示意

1）它明确了力和运动的关系。物体的运动并不需要力来维持，只有当物体的运动状态发生变化，即产生加速度时，才需要力的作用。在牛顿第一定律的基础上得出力的定义：力是一个物体对另一个物体的作用，它使受力物体改变运动状态。

2）它提出了惯性的概念。物体之所以保持静止或匀速直线运动，是在不受力的条件下，由物体本身的特性决定的。物体所固有的、保持原来运动状态不变的特性叫惯性。物体不受力时所做的匀速直线运动也叫惯性运动。

（四）牛顿第二定律

牛顿第二定律为：物体的加速度跟物体所受的作用力成正比，跟物体的质量成反比，加速度的方向跟作用力的方向相同。牛顿第二定律的特点如下：

1）因果性：牛顿第二定律定量揭示了力与运动之间的关系，力是产生加速度的原因，加速度是力的作用效果。

2）矢量性：物体加速度的方向与作用力的方向相同。

3）瞬时性：力的作用与加速度的产生是瞬时对应的，即力作用在物体上的瞬间物体就产生加速度，力发生变化加速度也随之发生变化。

（五）牛顿第三定律

牛顿第三定律为：相互作用的两个物体之间的作用力和反作用力总是大小相等，方向相反，作用在同一条直线上。

（六）重心

物体的各部分都受到重力的作用，从效果上看，可以认为各部分受到的重力作用集中于一点，这一点叫作物体的重心，如图 1-19 所示为车辆重心。

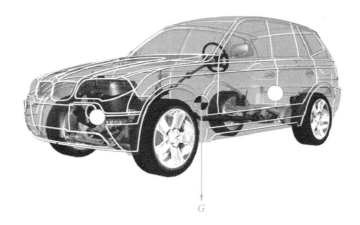

撞击损伤程度与
车辆重心的关系

图 1-19　车辆重心

车辆的前部过重或是后部过重都会影响车辆转弯的稳定性，当车辆的重心分配为 1：1 时，车辆具有最好的操控性。

（七）载荷

作用在物体上的外力称为载荷，按照力的作用方向，常见的载荷分为拉伸载荷、压缩载荷、剪切载荷三种，如图 1-20 所示。

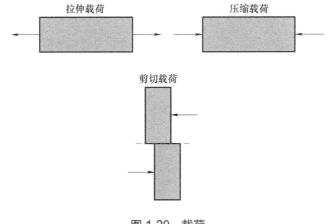

图 1-20　载荷

（八）应力

物体由于外因（受力、湿度变化等）而变形时，在物体内各部分之间产生相互作用的内力，以抵抗这种外因的作用，并力图使物体从变形后的位置恢复到变形前的位置，单位面积上的内力称为应力。

按照载荷的作用形式，应力又可以分为拉伸压缩应力、弯曲应力、扭转应力、剪切应力。应力会随着外力的增加而增长，对于某一种材料，应力的增长是有限度的，若超过这一限度，则材料会被破坏。

（九）应力集中

当一个横截面积处处相等的物体受到拉伸或压缩载荷时，该物体所有横截面上产生的应力大小也是相等的，如果横截面积因为小缺口、固定螺栓或其他因素而改变，则该部位将会产生较大的应力，基于此种原因，物体可能会破裂。因横截面积的改变而导致该部位的应力变大称为应力集中。以钢板的缺口为例，应力的大小会随着缺口的深度、角度和半径等因素而变化，如图 1-21 所示。

在某些情况下，虽然物体的横截面积没有改变，但其形状改变时，应力将集中在形状改变的部位，如图 1-22 所示。

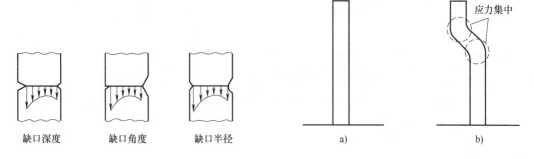

缺口深度　　缺口角度　　缺口半径

图 1-21　应力集中（横截面积改变）　　　　图 1-22　应力集中（形状改变）

同时，构件承受的外力也会集中在形状、断面或材料变化之处，例如用力弯折中间有孔的钢板，钢板会在穿孔处弯曲，因为应力会集中在穿孔的四周，如图 1-23 所示。

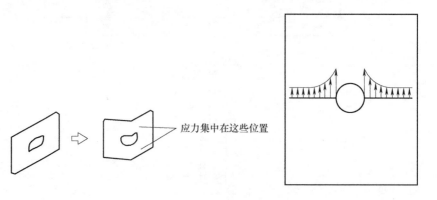

图 1-23　应力集中区域

车体某些部位便是利用这种特性，特别设计成这些形状，以吸收撞击力。

四、汽车车身材料

（一）钢板

1. 钢板弹性变形

以弯曲一块钢板为例，如果钢板稍微弯曲，当不再施加作用力时，钢板会恢复到原来的形状而不会发生永久性变形，那么这种变形称为弹性变形，如图 1-24 所示。

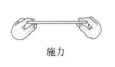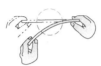

施力　　　　　　　　　　　　弹性变形　　恢复原有形状

图 1-24　钢板弹性变形

钢板弹性变形

受到撞击力的车身钢板会发生弹性变形，例如车顶钢板受到邻近部位的影响而偏离了原来的位置，当邻近部位的变形消除后，车顶钢板往往会恢复到原来的形状。

2. 钢板弹性变形恢复

变形中同时存在了弹性变形和塑性变形，若消除外力的作用，则弹性变形的部分会恢复原来的状态，把这种变形叫作弹性变形恢复。

通过试验机对钢板进行拉伸直至断裂的整个过程可得出钢板的载荷 - 变形曲线，如图 1-25 所示。在 P 点除去载荷后，变形从 OP' 减少至 OE，OE 为塑性变形，OP' 为弹性变形。

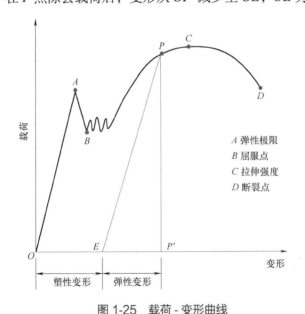

A 弹性极限
B 屈服点
C 拉伸强度
D 断裂点

图 1-25　载荷 - 变形曲线

钢板弹性变形
恢复

3. 钢板塑性变形

如果钢板严重弯曲超过了弹性极限，钢板将不能完全恢复到原始的状态，会产生一定量的永久性变形，这种不能恢复至原来的形状而维持变形的状态称为塑性变形，如图 1-26 所示。

图 1-26　钢板塑性变形

汽车车身是利用塑性变形原理冲压加工而成的。

4. 钢板加工硬化

金属受到大于其弹性极限的力的作用而产生塑性变形后，虽然外力去除了，但由于金属晶粒的变形，其内部会产生很大的残余应力，残余应力将使金属塑性变形部位的硬度提高，屈服强度（刚度）加大，这种现象称为加工硬化。

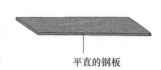

平直的钢板

加工硬化作用的实例是将平钢板折曲，再将其折回时，会留下当初折曲部分的形状，还会在折曲部分的两侧产生两处新的折曲。这就是钢板的折曲处形成的加工硬化，其结果是使加工硬化部位的强度高于折曲处以外的部分，如图 1-27 所示。

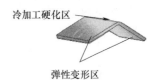

冷加工硬化区

弹性变形区

（二）高强度钢

汽车车身材料可分为延展性材料（用于吸能区，车身前部和后部）、高强度和较高强度钢材（用于生存空间，客舱）。

二次加工硬化区

图 1-27　钢板加工硬化

目前的承载式车身对构件的要求有以下几点：

1）要有足够的强度。例如挡泥板，它不仅具有挡泥的作用，同时还要能够承受悬架的一部分载荷，并支撑横向安装的发动机、蓄电池、点火装置和减振器。

2）质量轻，以减少燃料消耗。

3）要有很好的塑性。高强度钢可以设计成抗弯截面，能吸收碰撞能量并减小对客舱的伤害。

为了达到这些要求，许多汽车制造厂都采用强度好、质量轻的高强度钢来制造现代车身大部分的板件，如图 1-28 所示。车身高强度钢泛指强度高于低碳钢的各种类型的钢材，一般强度为 280MPa 以上。

车身使用的高强度钢有以下几点特性：

1）抗拉强度高。

2）屈服强度高。

3）屈强比高（屈服强度 / 抗拉强度）。

4）热特性：对高强度钢进行加热时，随着温度的升高，其内部的金属晶粒会发生改变，原来比较小的晶粒互相融合、吸收而变成大晶粒，如图 1-29 所示，金属晶粒之间的作用力会随晶粒的增大而减小，即高强度钢的强度会降低。当被加热后的高强度钢恢复到常温后，其内部的晶粒无法自行恢复到原来小晶粒的状态，所以高强度钢经过过度加热后再冷却，强度会下降。

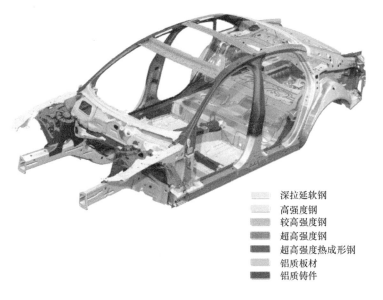

深拉延软钢
高强度钢
较高强度钢
超高强度钢
超高强度热成形钢
铝质板材
铝质铸件

汽车车身材料

图 1-28 高强度钢在汽车车身上的应用

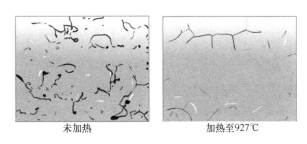

未加热   加热至927℃

图 1-29 高强度钢受热变化

五、车身能量吸收区

(一)车身前部吸能区

车身前部利用构件断面的变化、前轮拱起的上部构件包角及穿孔刻意制造应力集中现象,以吸收撞击力,如图 1-30 所示。

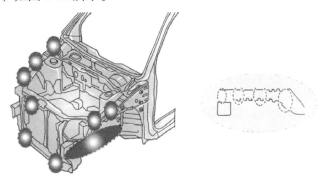

图 1-30 车身前部吸能区

（二）车身后部吸能区

车身后部设有很多吸能区域和形状突然改变的翘起区域，在承受撞击力时可轻易变形，以提高撞击能量的吸收效率，如图 1-31 所示。

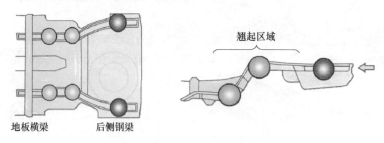

地板横梁　　后侧钢梁

图 1-31　车身后部吸能区

（三）车身前部承受的撞击波

车身承受撞击力 F 时，作用力会从 A 传递到 B、C、D、E 等部位，因为分散了较大的面积而使作用力递减，如图 1-32 所示。

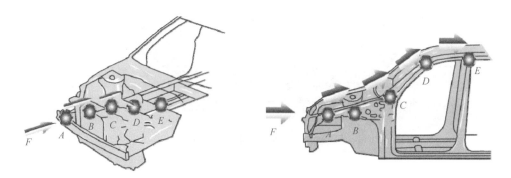

图 1-32　车身前部承受的撞击波

 任务实施

（一）作业准备

1. 设备器材

个人多媒体设备、实训车架（标明车身材料的承载式车身、非承载式车身）。

2. 个人防护工具

工作服、工作帽、安全鞋、棉手套等。

3. 场地设施

实操实训室。

4. 耗材

若干标签纸。

（二）工作计划

教师将学生分为四组，在实操实训室使用多媒体设备讲解承载式车身、非承载式车身的理论知识，然后学生进行分组讨论，运用观摩法、实践法等方法认识并了解承载式车身、非承载式车身的结构组成，并且知道汽车车身的材料分布。

（三）实施工作

1. 实施步骤

1）观察承载式车身与非承载式车身。

2）识别车身上各个部件，在标签纸上填写其名称。

3）识别车身上的吸能区并指出撞击力的传递路径。

2. 结合承载式车身与非承载式车身结构，讨论以下相关问题

1）承载式车身与非承载式车身的结构特点分别是什么？

_____

_____

_____

_____

2）承载式车身与非承载式车身有何优缺点，为什么轿车广泛使用承载式车身？

_____

_____

_____

_____

3）车身材料分布有什么特点？为何在客舱使用高强度钢？

_____

_____

4）制订自己的学习任务并详细地记录。

_____

_____

任务练习

1. 判断题

1）力的三要素有力的大小、力的方向、力的作用点。　　　　　（　　）

2）对板件进行加热放松应力时，加热温度不能超过300℃。　　　（　　）

3）后纵梁与前纵梁一样也有吸能区设计，可以吸收后端碰撞时的能量。　（　　）

4）纵梁是在车身前部底下延伸的箱形截面梁，是承载式车身上最坚固的部件。　（　　）

5）承载式车身的门槛板是车身上的装饰件。　（　　）

2. 选择题

1）非承载式车身在碰撞时主要吸收能量的是？（　　）

  A. 主车身　　　　　B. 纵梁　　　　　　C. 横梁　　　　　　D. 外板件

2）整体式车身也叫（　　）。

  A. 非承载式车身　　B. 承载式车身　　　C. 半承载式车身　　D. 车架式车身

3）在非承载式车身发动舱部位，（　　）没有吸能区。

  A. 纵梁　　　　　　B. 横梁　　　　　　C. 发动机罩　　　　D. 前翼子板

4）非承载式车身上应用超高强度钢的部件是（　　）。

  A. 中立柱　　　　　B. 门槛板　　　　　C. 翼子板　　　　　D. 发动机罩

任务评价

评价指标			学生自评 （30%）	小组互评 （30%）	教师评价 （40%）
素质评价 （20%）	劳动态度（4分）				
	工作纪律（4分）				
	安全操作（4分）				
	环境保护（4分）				
	团队协作（4分）				
技能评价 （80%）	工具使用（10分）				
	任务方案（10分）				
	实施步骤 （40分）	穿戴工作服，互相检查			
		车身结构认知			
		完工检查			
		6S管理			
	完成结果 （10分）				
	作业完成 （10分）				
本次得分					
最终得分					

教师签名：_____

日期：_____年____月____日

任务二

汽车车身尺寸的判别

任务目标

知识目标	能概括汽车车身尺寸判别的各种方法。
能力目标	能进行汽车车身尺寸判别。

知识准备

一、通过锁合功能的影响情形判断

　　各立柱和翼子板的损伤程度可以通过开闭各车门和发动机舱盖时的情形来判断，也可以通过检查周围相关钢板的装配间隙来判断。如果在这些部位上发现任何不正常情形，则必须使用测量工具来测量这些异常部位的尺寸。车身钢板的装配间隙必须在四轮全部着地的情况下进行检查（如果车辆被举升机举起，则车身可能会伸缩，从而影响装配间隙）。装配间隙的检查如图 1-33 所示。

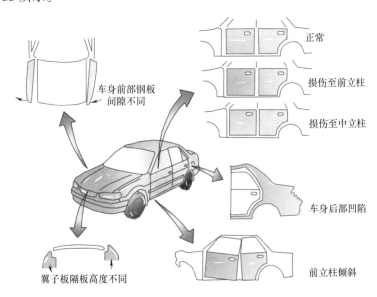

图 1-33　通过锁合功能的影响情形判断

二、通过外板件的损伤情形及间隙判断

检查车身外板件的偏移程度与间隙。以车身前部为例，可从翼子板与发动机舱盖间隙的变化情形（如图1-34左上侧图的前后段差及左下侧图的间隙不一情形）判别前纵梁的偏移程度或事故的关联性。

通过游标卡尺或者间隙量规测量车身外板件的装配间隙，与原厂维修手册进行对比以判断车身的损伤程度，如图1-34所示。

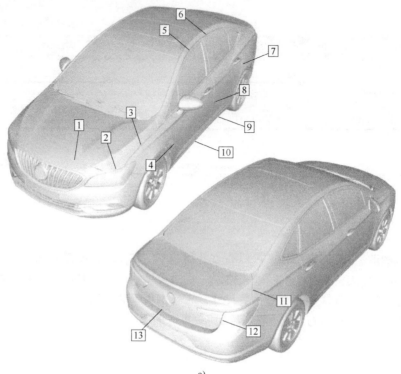

a)

测量部位	部件名称	标准尺寸/mm
1	发动机舱盖与前保险杠蒙皮	3±1.5
2	发动机舱盖与前照灯	3±1
3	发动机舱盖与前翼子板	3±0.75
4	前侧门与前翼子板	3.75±0.75
5	前侧门与车身外上板	4.5±1
6	后侧门与车身外上板	4.5±1
7	后侧门与后侧围外板	2±0.5
8	前侧门与后侧板	3.75±0.75
9	后侧门与门槛外板	4.5±1.5
10	前侧门与门槛外板	4.5±1.5
11	行李舱盖与后侧围外板	3.5±0.75
12	尾灯与倒车灯	4±1.5
13	行李舱盖与后保险杠蒙皮	6±1.5

b)

图1-34 通过车身外板件的装配间隙判断（威朗车型）

a）测量部位 b）标准尺寸

三、通过溃缩点的变形情形判断

汽车车身溃缩点如图 1-35 所示，检查其是否发生了撞击挤缩，如图 1-36 所示。

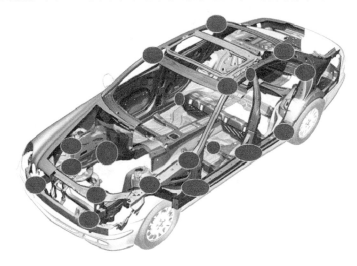

图 1-35   汽车车身上的溃缩点

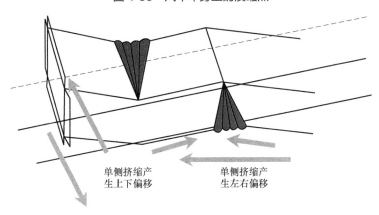

单侧挤缩产
生上下偏移

单侧挤缩产
生左右偏移

图 1-36   通过溃缩点的变形情形判断

四、通过防撞结构的损伤情形判断

汽车车身防撞结构如图 1-37 所示，检查车身防撞结构在外力的作用下是否发生了变形。

五、通过应力导引转折点的损伤情形判断

通过检查车身构件撞击后产生的应力损伤情形判断，如图 1-38 所示。

当车身构件在外力作用下发生变形时，在车身构件的内部会同时产生一定的内应力，这些内应力会不断地释放，最后扩大损伤的范围。为了能有效地吸收冲击能量而减少其他部位的损伤，在一些车身构件上设置有应力结构，如前、后纵梁和支承上的加强结构等，车身受到撞击时，这些结构首先发生变形。

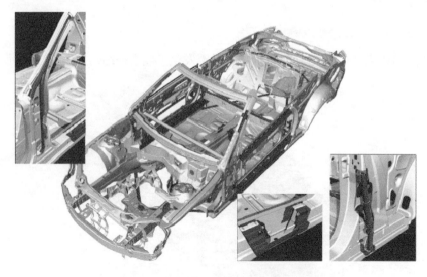

图 1-37　通过防撞结构的损伤情形判断

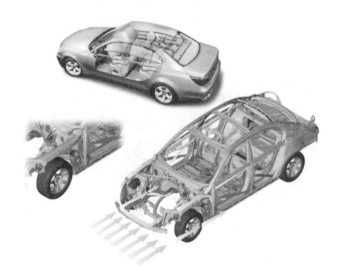

图 1-38　从应力导引转折点的损伤情形判断

除了上面正常的应力损伤以外，在车身上也会时常发生非正常的应力损伤现象，例如车门框的断裂等。所以在检查车身损伤时，不能单单检查受撞部位的损伤，还应该检查这些应力集中区的损伤。

六、通过主结构焊接区的损伤情形判断

在承受一定撞击载荷的情况下，车身的主要构件如车身梁、车身立柱等，应保证能为乘员提供安全的空间。为了使这些结构件有足够的强度，其大多数都设计成封闭式截面结构，是车身的主要承载基础。一旦受损伤，首先以其自身的变形来吸收大部分冲击能量，可能会引起连接处的脱焊或断裂。

车身焊接处如图 1-39 所示，检查其是否发生脱焊及变形断裂等，如图 1-40 所示。

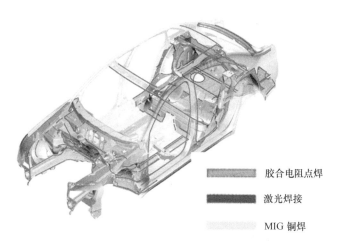

胶合电阻点焊

激光焊接

MIG 铜焊

图 1-39　车身焊接处

图 1-40　通过主结构焊接区的损伤情形判断

任务实施

（一）作业准备

1. 设备器材

实训车身（承载式车身）、游标卡尺、间隙量规、车身伸缩量尺、卷尺、手持式照明灯等。

2. 个人防护工具

工作服、工作帽、安全鞋、棉手套等。

3. 场地设施

实操实训室。

（二）工作计划

将学生分为四组在实操实训室，采用讲授法、分组讨论法、示范法、实践法等方法学习承载式车身尺寸判别的方法。

（三）实施工作

1. 准备安全工作着装

2. 教具车辆准备

（1）选择尺寸判别方式，制订测量计划

选择的尺寸判断方式： _____。

测量计划： _____

_____。

（2）准备测量工具

把需要用到的测量工具准备齐全，整齐摆放到工作桌上。

测量工具： _____

（3）检查车身钢板

1）目测外板有无明显变形。（〇有　〇无）

2）用卡尺测量左右翼子板和发动机盖板的间隙，前后车门和中立柱的间隙。

3）在下表记录测量数据。

测量点	标准数据	测量数据
左翼子板与发动机盖板		
右翼子板与发动机盖板		
前车门与中立柱		
后车门与中立柱		

（4）找出变形的溃缩点判断出变形方向

找到的变形溃缩点： _____

变形方向： _____

（5）测量完毕，整理工位，6S 管理

 任务练习

判断题

1）在所有的修复程序进行之前，先要对碰撞损坏的车辆进行全面、细致的损伤评估尺寸判别。　　　　　　　　　　　　　　　　　　　　　　　　　　（　　）

2）除用目测方式进行诊断，还应使用精确的工具及设备来测量受损汽车。　（　　）

3）受损车辆可以举升以后进行尺寸测量判别。　　　　　　　　　　　　（　　）

4）车身外部钢板尺寸判别一般侧重装配点和工艺孔。　　　　　　　　　（　　）

5）汽车虽然只有一个方向的碰撞，但损伤却可能发生在两个方向上。　　（　　）

6）汽车车身中部强度很高，也设计了吸能区保护乘客。　　　　　　　　（　　）

7）用对角线测量可以检验出车身的扭转损伤。　　　　　　　　　　　　（　　）

8）当汽车被撞后，车身外壳表面会比正常位置低，结构上也有后倾现象，这就发生了左右弯曲变形。　　　　　　　　　　　　　　　　　　　　　　　　　　　（　　）

任务评价

评价指标		学生自评（30%）	小组互评（30%）	教师评价（40%）
素质评价（20%）	劳动态度（4分）			
	工作纪律（4分）			
	安全操作（4分）			
	环境保护（4分）			
	团队协作（4分）			
技能评价（80%）	工具使用（10分）			
	任务方案（10分）			
	实施步骤（40分）　准备安全工作着装			
	车辆教具准备			
	测量工具准备			
	评估方法选择			
	测量尺寸			
	记录数据			
	6S管理			
	完成结果（10分）			
	作业完成（10分）			
本次得分				
最终得分				

教师签名：_____

日期：_____年____月____日

项目二　车身大损伤诊断技巧

　　事故造成的车身损伤形式有直接损伤、波及损伤、诱发性损伤和惯性损伤。在汽车维修作业中，需要对这些损伤做出明确的判断，这是车身维修的基础，也是决定维修质量的关键。车身损伤的判断方法有多角度观察法、段差及间隙检查法、尺寸测量法等。在判断损伤的同时，需要注意车身前后的吸能区、局部弱化区等。

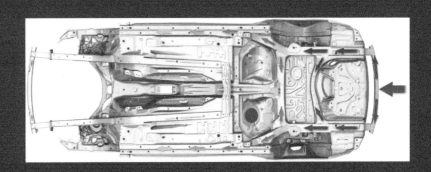

任务一

撞击损伤认知

 任务目标

知识目标	1. 能描述汽车车身撞击效应理论。
	2. 能说出汽车撞击冲击波的效应。
	3. 能描述汽车车身发生撞击时力的传递方式。
能力目标	正确理解事故车的事故原理、撞击效用以及事故车事故损伤类型。

知识准备

一、撞击效应理论

(一) 撞击效应

现代汽车车身设计上多数采用刚柔结合的设计理念，利用吸收分解原理来缓冲冲击力，最大限度地保证乘员的安全，所以当车身受到撞击后，不仅撞击部位会变形损坏，其整个车身的构件也可能产生变形。

因此，在发生碰撞之后，需要观察车身受损状况，弄清楚碰撞时车身是如何受力，力是如何沿着车身传递的，对损伤部位和相关区域的部件进行深入分析与科学诊断，才能确定所有受损部位。

撞击后作用力对车身结构传递的过程称为撞击效应。

撞击效应理论

(二) 撞击类型

1. 对固定物的撞击

车辆撞击建筑物、墙壁、桥墩、电线杆、树等固定物时，其车身损伤程度与固定物的大小、形状、材质及车辆本身速度、撞击角度、受压部位强度等因素有关，总体上均会造成不同的受压面积。

在冲击力相同时，受压面积越大，单位面积的冲击力就越小，则损伤面较宽而损伤较浅，如图2-1所示。受压面积越小，单位面积的冲击力就越大，能量作用比较集中，则会出现较深的损伤，如图2-2所示。

撞击损伤程度与撞击面积的关系

受压面积大

图2-1 受压面积大

受压面积小

图2-2 受压面积小

2. 车辆相互正面撞击

1）若两车速度、质量相近，则两车撞击后的受损状态基本相同，如图2-3所示。

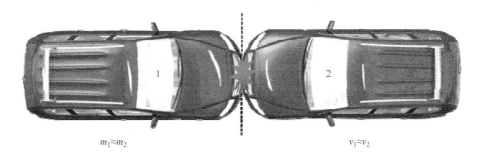

$m_1 \approx m_2$ $v_1 \approx v_2$

图2-3 两车速度、质量相近

2）若两车速度相近，但质量相差很大，那么质量大的车会推着质量小的车运动一段距离，所以质量大的车减速更慢，受到的冲击更小，产生的损伤变形小，如图2-4所示。

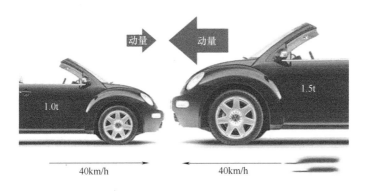

速度影响
车身变形

图2-4 两车速度相近、质量不同

3）若两车质量相近，但速度相差很大，那么速度快的车减速更快，高速度带来的高冲击力由自身承担，所以损伤变形更大，如图2-5所示。

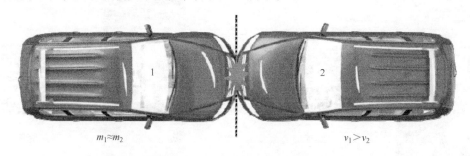

$m_1 \approx m_2$　　　　　　　　　　　　$v_1 > v_2$

图2-5　两车质量相近、速度不同

4）若两车质量和速度差异都很大，那么速度快、质量小的车承受的冲击力大，损伤变形更大，如图2-6所示。

3. 车辆后方的撞击

发动机前置的车辆由于车身后部没有支撑驱动系统的支架，后部强度一般较前部低，故发生后方撞击时，前方车辆的受损程度会比后方追撞车辆严重。

1）撞击停驶的车辆，追撞车辆的动能完全作用在被追撞车辆上，其损伤变形量大，如图2-7所示。

图2-6　两车质量和速度差异都很大

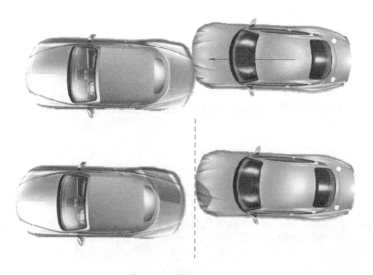

图2-7　撞击停驶的车辆

2）撞击行驶中的车辆，损伤状态因双方车辆速度差而异，前方被追撞车辆因保有动能，与停驶时被追撞的车辆相比，损伤变形量相对较小，如图2-8所示。

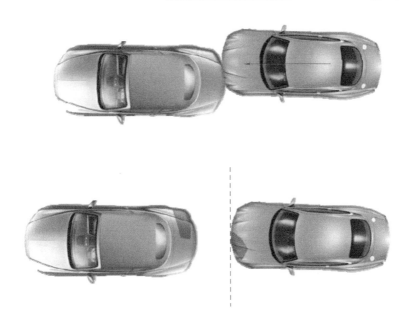

图 2-8 撞击行驶中的车辆

4. 车辆侧面的撞击

1）若车辆受横方向中心撞击，则会导致车身弯曲变形（俗称香蕉形损伤），如图 2-9 所示。

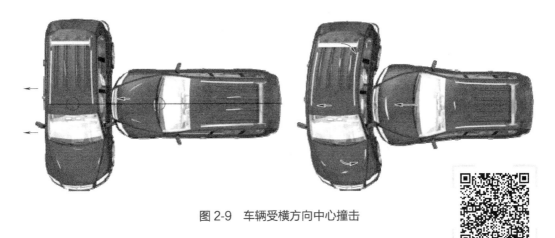

图 2-9 车辆受横方向中心撞击

2）若车辆受横方向偏心撞击，则会导致车身偏摆变形，撞击瞬间，惯性力将造成车身扭曲，如图 2-10 所示。

侧面碰撞损伤

二、冲击波效应

冲击波效应的基本理论如同水流从高处向低处流，如果在水流的路径中有一个洞，则水会将此洞填满后才继续向前流。同样，如果水流路径中有小石头，则水流遇到小石头会瞬间停止，然后绕着石头向前流。冲击波效应在车身上的状态如图 2-11 所示。

图 2-10　车辆受横方向偏心撞击

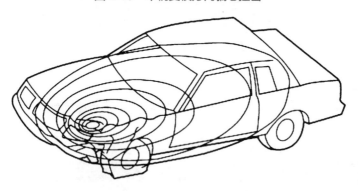

图 2-11　冲击波效应

三、力的传递方式

力的传递与分解会依据车身结构、材料、撞击点、撞击次数而发生损伤变形，车身前部受撞击时力的传递路径如图 2-12 所示，车身后部受撞击时力的传递路径如图 2-13 所示，车身侧面受撞击时力的传递路径如图 2-14 所示。

（一）前部碰撞损伤时

当车身前部撞上障碍物时，前部碰撞的冲击力取决于汽车的质量、车速、碰撞范围及碰撞物。

如果碰撞较轻，可能造成前保险杠后移，前纵梁、保险杠支架、前翼子板、散热器支架和发动机舱盖锁扣支架发生弯曲变形，如图 2-15 所示。

如果碰撞程度比较严重，前翼子板会发生变形而碰到前车门，发动机舱盖铰链会向上弯曲而碰到前围上盖板，前纵梁也会折弯与前悬架的横梁接触并使其弯曲。

如果冲击力更大，碰撞程度更加严重，前翼子板及前车身 A 立柱将发生弯曲变形，甚至前车门可能被撞击至无法开门，同时，前纵梁还会发生折皱，前悬架横梁、前围挡板、地板及前车门平面会发生弯曲变形。

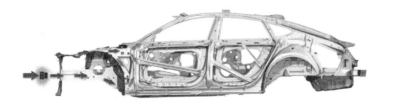

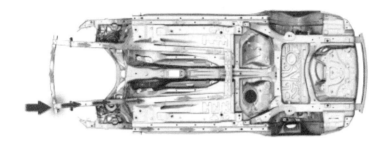

前部撞击时力的
传递路径

图 2-12　前部撞击时力的传递路径

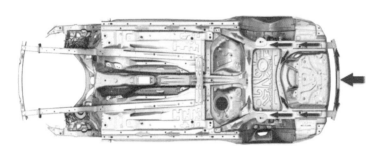

后部撞击时力的
传递路径

图 2-13　后部撞击时力的传递路径

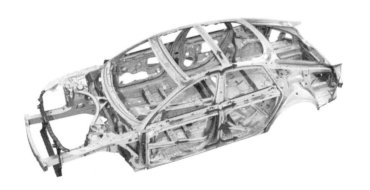

侧面撞击时力的
传递路径

图 2-14　侧面撞击时力的传递路径

图 2-15　车身前部碰撞损伤

如果车身前部以一定的角度与障碍物相撞，受撞一侧的前纵梁会出现侧向弯曲变形甚至断裂，还会通过横梁将冲击力传递到另一侧的纵梁并使其发生变形。

前部碰撞损伤　　　　后部碰撞损伤

（二）后部碰撞损伤时

汽车在行驶时发生追尾碰撞会引起车身后部的损伤。当碰撞较轻时，后保险杠、后底板、行李舱盖及地板都可能发生变形，后围板会发生翘曲。如果碰撞力大，会使后顶盖侧板塌陷，对于四车门汽车，车身 B 立柱会弯曲，后纵梁会出现上弯损伤，如图 2-16 所示。

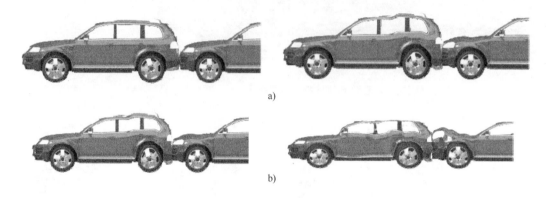

a)

b)

图 2-16　车身后部碰撞损伤
a）碰撞较轻　b）碰撞较重

（三）侧面碰撞损伤时

车身受到侧面碰撞时，车门、前翼子板、车身 B 立柱、地板及顶盖都会发生变形。当前翼子板的中心位置受到碰撞时，前轮会被推进去，前悬架横梁和前纵梁都会发生变形，振动波甚至会传递到另一侧车轮，造成另一侧车轮定位失准，发动机支架、转向装置等也会因此而产生不同程度的损坏，如图 2-17a 所示。如果中部侧面碰撞比较严重，车门、车身 B 立柱、门槛、上边梁都会严重弯曲，整个车身可能呈香蕉形，如图 2-17b 所示。

（四）顶部碰撞损伤时

车身顶部损伤大多数是由于坠落物砸到车顶或者汽车发生倾翻而造成的。当坠落物砸到车顶时，除了车顶钢板受损外，上边梁、后顶盖侧板、车窗都可能同时被损伤。汽车倾翻后，如果中立柱和车顶钢板弯曲，另一侧相应的立柱也会被损坏。车身损伤程度可通过车门、车窗的变形来判断。

四、碰撞损伤类型

按碰撞损伤原因和性质的不同，车身损伤类型可分为直接损伤（一次损伤）和间接损伤（二次损伤），间接损伤包括波及损伤、诱发性损伤和惯性损伤。

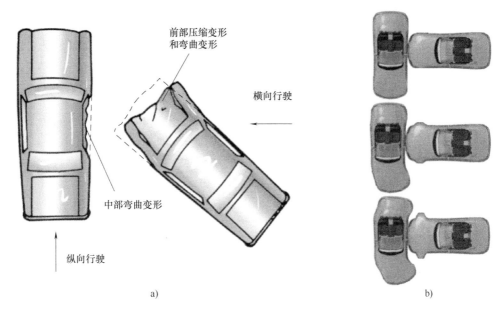

图 2-17　车身侧面碰撞损伤

侧面碰撞损伤

（一）直接损伤

直接损伤指汽车发生事故时，车身与其他物体直接碰撞而导致的损伤，如图 2-18 所示。着力部位的损伤状态有擦伤、撞痕、压破、溃缩。

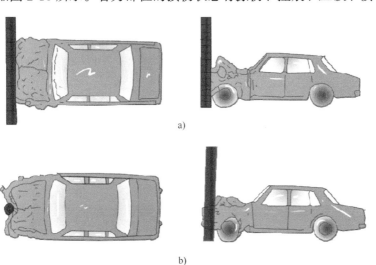

事故损伤类型：
一次损伤

图 2-18　直接损伤
a）撞墙　b）撞电线杆

（二）波及损伤

波及损伤指冲击力作用于车身上并分解后，其分力在通过车身构件过程中对强度和刚度较弱的构件所造成的损伤，其损伤状态有弯曲、扭曲、剪切、膨胀等。

（三）诱发性损伤

诱发性损伤指部分车身构件发生损坏或变形后，因拉伸或挤压等引起其关联构件产生损伤，其损伤状态有弯曲、折断、扭曲等，如图 2-19 所示。

图 2-19　诱发性损伤

（四）惯性损伤

惯性损伤指汽车运动状态发生急剧变化时，在强大惯性力作用下而导致的损伤。汽车发生碰撞或紧急制动时，除了车内乘员和装载物之外，装配于车身上的发动机及其他零件都会不同程度地产生惯性力，将冲撞车身而产生损伤。由于惯性力而产生的撞击损伤称为二次损伤，如图 2-20 所示。

图 2-20　惯性损伤

事故损伤类型：
二次损伤

 任务实施

（一）作业准备

1. 设备器材

汽车整体式车身、车身板件、水桶、铁球等。

2. 个人防护工具

安全帽、棉纱手套、工作服、安全鞋等。

3. 场地设施

汽车钣金实操实训场地。

（二）工作计划

每四个学生分为一组，进行车身撞击效应理论的学习，同时通过实操验证车身撞击效应理论。

（三）实施工作

1. 判断前部碰撞损伤形式

1）前部碰撞的冲击力取决于汽车的_____、_____、_____及碰撞物。

2）如果车身前部以一定的角度与障碍物相撞，受撞一侧的前纵梁会出现_____甚至断裂，还会通过横梁将冲击力传递到_____。

2. 判断后部碰撞损伤形式

汽车在行驶时发生追尾碰撞会引起车身后部的损伤。当碰撞较轻时，后_____、后_____、行李舱盖及地板都可能发生变形，_____会发生翘曲。

3. 判断侧面碰撞损伤形式

如果中部侧面碰撞比较严重，车门、车身 B 立柱、_____、_____都会严重弯曲，整个车身可能呈_____。

4. 判断顶部碰撞损伤形式

车身损伤程度可通过_____、_____的变形来判断。

5. 判断完毕，整理工位，6S 管理

任务练习

1. 判断题

1）前部碰撞的冲击力取决于汽车的质量、车速、碰撞范围及碰撞物。　　　　（　　）

2）前纵梁在三个方向都有变形，要先修复高度方向的变形。　　　　　　　　（　　）

3）X 形车架中间窄，刚性好，能较好地承受弯曲变形。　　　　　　　　　　（　　）

4）整体式车身刚性较大，有助于向整个车身传递和分散冲击能量，使远离冲击点的一些部位也会有变形。　　　　　　　　　　　　　　　　　　　　　　　　　　　（　　）

5）当碰撞程度相同时，整体式车身的损坏要比车架式车身的损坏简单。　　　（　　）

6）后纵梁与前纵梁一样也有吸能区设计，可以吸收后端碰撞时的能量。　　　（　　）

7）汽车虽然只有一个方向的碰撞，但损伤却可能发生在两个方向上。　　　　（　　）

2. 单选题

1）汽车前部正面碰撞时，碰撞点位置靠下部，后部会向哪个方向变形？（　　）。

　　A. 向上　　　　　　　　　　　　　　B. 向下

　　C. 向左　　　　　　　　　　　　　　D. 向右

2）被撞一侧钢梁的内侧及另一侧钢梁的外侧有皱曲，发生了什么变形？（　　）

　　A. 上下弯曲　　　　　　　　　　　　B. 左右弯曲

　　C. 压缩变形　　　　　　　　　　　　D. 撕裂变形

3）车身在发生碰撞时，容易观察到变形的部位有哪个？（　　）

　　A. 电阻点焊焊点部位　　　　　　　　B. 板件接缝处

　　C. 部件的棱角部位　　　　　　　　　D. 前车身 A 立柱部位

📋 任务评价

评 价 指 标			学生自评（30%）	小组互评（30%）	教师评价（40%）
素质评价（20%）	劳动态度（4分）				
	工作纪律（4分）				
	安全操作（4分）				
	环境保护（4分）				
	团队协作（4分）				
技能评价（80%）	工具使用（10分）				
	任务方案（10分）				
	实施步骤（40分）	准备车辆			
		学生分组			
		判断前部碰撞损伤形式			
		判断后部碰撞损伤形式			
		判断侧面碰撞损伤形式			
		判断顶部碰撞损伤形式			
		完工检查，6S管理			
	完成结果（10分）				
	作业完成（10分）				
本次得分					
最终得分					

教师签名：_____

日期：_____年___月___日

任务二

撞击损伤诊断

任务目标

知识目标	1. 能说出汽车车身损伤诊断常用的方法。
	2. 能描述汽车车身损伤诊断注意事项。
能力目标	能够在规定时间内按照安全规范对事故车进行损伤评估作业。

知识准备

一、车身损伤诊断目的和步骤

车身损伤诊断是通过目视检查、设备测量等方法来判断车身受损程度和受损部位的过程。损伤诊断的目的是能正确地掌握车身受损的部位和程度，以便制订准确的维修方案。错误的损伤诊断会造成维修方法错误或维修计划紊乱，从而影响维修质量或者需耗费较长的工作时间。车身损伤诊断的步骤如下：

1）通过询问了解发生撞击时的基本情况。

2）确认冲击力大小、方向、作用点位置。

3）沿冲击力的作用路径检查受损部位，对冲击吸收部位（应力集中部位）进行系统的损伤检查，判定冲击波最终位置。

4）对车身以外的其他部件（如车轮、悬架、发动机、座椅等）进行仔细检查。

5）利用测量工具或设备对车身尺寸进行测量，将实测值与维修手册的标准值进行比较，确定是否变形。

二、车身损伤诊断方法

1. 多角度观察法

（1）平面性观察　对受损车辆进行环车检查，从多个位置观察确认车身损伤范围，如图 2-21 所示。

（2）立体性观察　稍微远离车辆，对受损部位进行全车立体性观察，分析冲击力大小、方向、顺序、次数。

（3）细部观察　通过目视及触摸来确认受损部位状况。

（4）延伸观察　由车身损伤部位向内、向上下、向左右延伸观察。

2. 段差及间隙检查法

1）车身覆盖件，如发动机舱盖、车门、前后翼子板等是使用螺栓连接或焊接在车体上的，检查车身覆盖件面与面上是否发生高低落差（即段差），如图 2-22 所示。

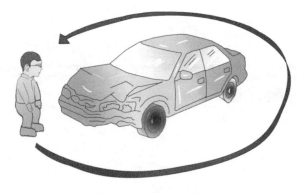

图 2-21　环车检查法

2）开关车门及发动机舱盖，通过作用情况来确认锁扣及铰链是否卡紧、是否有间隙。

3）检查车辆底盘零件是否有错位、挤压、变形等状况。

4）用手触摸各钣件之间是否有段差及冲击波传递的范围。

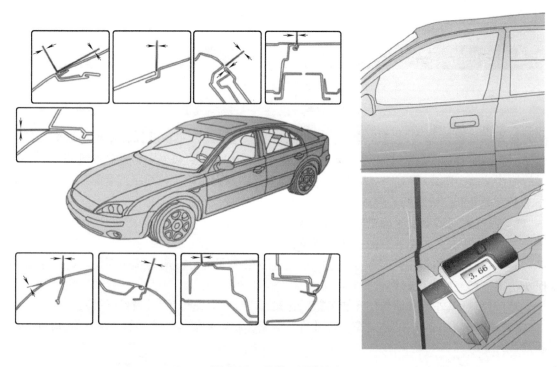

图 2-22　段差、间隙检查

3. 尺寸测量法

车身外观或底盘如有任何不正常，则必须使用测量工具来测量车身结构各部位尺寸，以数据形式来判断损伤程度。

1）使用伸缩量尺测量车身上部（发动机舱、客舱、行李舱）尺寸数据，如图 2-23 所示。

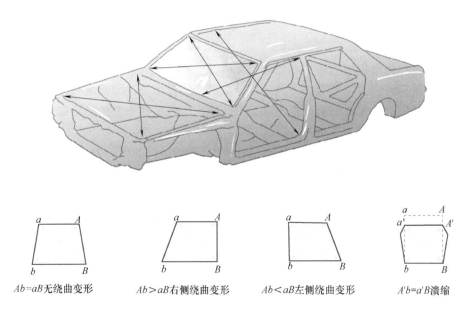

图 2-23 车身上部位尺寸测量

2）使用中心量规测量底盘部位尺寸数据，常用尺寸参考如图 2-24 所示。

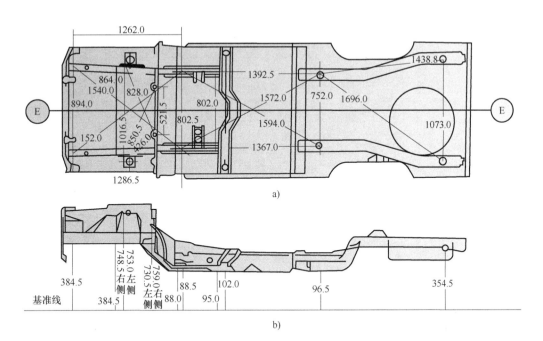

图 2-24 底盘部位尺寸测量

尽可能任何时候都以测量数据作为判断及结论依据。

三、二次损伤

承载式车身是由薄钢板连接成的整体，在碰撞中能吸收大部分振动。其中一部分撞击能量被碰撞区域的部件通过变形吸收，另一部分能量会通过车身的刚性结构传递到远离碰撞的区域，这些被传递的冲击波引起的损伤称为二次损伤。二次损伤会影响承载式车身的内部结构或与被撞击侧相反一侧的车身。

为了控制二次损伤，在车身前部和后部设计了吸能区，如图 2-25 所示。车身前部的前保险杠支架、前纵梁、挡泥板、发动机舱盖，车身后部的后保险杠支架、后纵梁、挡泥板、行李舱盖等部位，都设计了波纹或结构强度上的局部弱化，如图 2-26 所示。在受到撞击时，这些部位会按照预定的形式折曲，这样碰撞冲击波在传递过程中就被大大减小直至消散。车身中部有很高的刚性，可以把车身前部（或后部）吸能区不能完全吸收而传过来的能量传递到车身后部（或前部），引起远离碰撞点部件的变形，从而保证客舱结构的完整及乘员的安全。这是现代汽车安全性设计的一个重要特点。

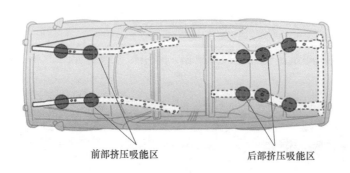

前部挤压吸能区　　　　　后部挤压吸能区

图 2-25　承载式车身上的吸能区

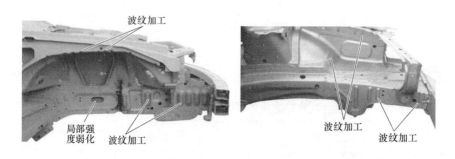

波纹加工

局部强度弱化　　波纹加工　　　　波纹加工　　波纹加工

图 2-26　波纹加工及局部强度弱化

在所有碰撞中，超过 70% 的碰撞发生在车身前部。在冲击力比较小时，由前保险杠、前保险杠支架等变形来吸收能量。碰撞剧烈时，前纵梁等能很好地吸收能量，如图 2-27 所示。前纵梁作为车身前部最坚固的部件，不仅有承载前部其他部件和载荷的能力，在碰撞中还是主要吸能部件。

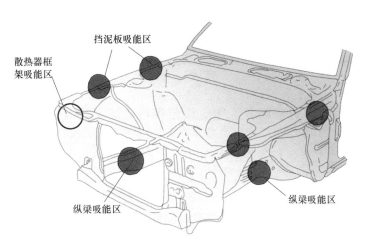

图 2-27　车身前部吸能区

 任务实施

（一）作业准备

1. 设备器材

电子测量量尺、伸缩量尺、卡尺、间隙量规、整体式车身等。

2. 个人防护工具

安全帽，防护手套等。

3. 场地设施

汽车钣金实操实训场地。

（二）工作计划

每四个同学一组，学习并掌握汽车损伤诊断的方法与技巧。

（三）实施工作

1. 准备受损车辆及工具

2. 撞击损伤诊断

1）了解发生撞击时基础信息：了解撞击状态，包括固定物、移动的机动车。

2）确认冲击力大小、方向、作用点位置。

3）检查受损路径：对冲击波的路径和各冲击_____（应力集中部位）进行损伤检查，判断冲击波_____。

4）检查车身外部机件，包含：_____、_____、_____、_____。

5）尺寸测量：使用_____、_____、_____、_____对受损车辆检查。

6）比对尺寸：与原厂车身数据比对。

7）诊断完毕，整理工位，6S 管理。

任务练习

1. 判断题

1）除用目测方式进行诊断外，还应该使用精确的工具及设备来测量、评估受损汽车。 （   ）

2）车架式车身上各类损伤发生的次序为：上下弯曲、左右弯曲、断裂变形、菱形变形和扭转变形。 （   ）

3）整体式车身上发生菱形变形时，可以在地板上发现皱褶和弯曲。 （   ）

4）菱形变形一般还会附加有许多断裂及弯曲的组合损伤。 （   ）

5）如果在碰撞中，前门松垮下来，那么中立柱也可能受到损伤。 （   ）

2. 单选题

1）下面哪个是撞击时不需要收集的基础信息？ （   ）

    A. 撞击状态（固定物、移动物等）   B. 撞击位置方向、力的大小

    C. 车型尺寸   D. 驾驶司机

2）进行车身上部尺寸测量时，可使用的工具有（   ）。

    A. 卷尺   B. 中心量规   C. 伸缩量尺   D. 电子测量

3）车身发生扭转变形时，用对角线测量能测出变形吗？ （   ）

    A. 可以   B. 不可以

    C. 测量准确就可以，不准确就不可以   D. 上面三个说的都错

4）测量时发现测量孔已经变形，但仍需要测量该如何处理？ （   ）

    A. 继续测量，不会影响数据准确性   B. 对孔进行校正后再测量

    C. 换另外一个测量孔   D. 以上三种说法都对

5）通过测量什么可以判断发生了菱形变形？ （   ）

    A. 对角线   B. 长度   C. 宽度   D. 高度

任务评价

评价指标		学生自评（30%）	小组互评（30%）	教师评价（40%）
素质评价（20%）	劳动态度（4分）			
	工作纪律（4分）			
	安全操作（4分）			
	环境保护（4分）			
	团队协作（4分）			

（续）

评价指标			学生自评 （30%）	小组互评 （30%）	教师评价 （40%）
技能评价 （80%）	工具使用（10分）				
	任务方案（10分）				
	实施步骤 （40分）	准备车辆			
		准备测量工具			
		收集信息			
		初步判断			
		尺寸测量			
		比对原厂尺寸数据			
		完工检查，6S 管理			
	完成结果 （10分）				
	作业完成 （10分）				
本次得分					
最终得分					

教师签名：_____

日期：_____年____月____日

项目三　专用设备使用方法

汽车发生碰撞后，对于车身的局部变形或损伤可以比较直观地做出判断，但对整体变形的诊断可能较为困难。对于车身的整体变形，没有正确的测量结果作为维修依据，修复作业便无从下手。

汽车车身测量是车身维修中不可缺少的重要环节之一，它是维持或恢复车身的正常工作能力，延长其使用寿命并使其经常处于完好技术状态的主要依据。车身整体变形会对车辆行驶的稳定性、平顺性、安全性、使用性等带来诸多影响。为了使车身的整体定位参数符合原车出厂要求，在车身维修前、维修中、维修后必须对受损车身进行测量。

维修作业前判断损伤的测量工具有钢卷尺、轨道式量轨。维修作业中的测量设备主要包括机械式测量系统和电子式测量系统。

对于现代汽车车身，精准的整体定位参数对车辆的使用性和安全性有着十分重要的意义。车辆受到严重撞击后，车身覆盖件和结构件都会发生变形，对损坏的结构件必须进行修复或更换。车身覆盖件的损坏可以通过手工修复或者介子机拉拔修复方法进行修理，但是车身结构件的损坏如果仍用这类简单的维修工艺进行修复，就很难保证车身校正的精度和维修质量。由于车身结构件的强度和刚度很高，因此需要借助车身校正设备进行修复操作。

市场上常见的车身校正设备有库克系统（地八卦）、地藏360°校正系统、平台式大梁校正系统、框架式大梁校正系统、复合式大梁校正系统。车身校正是一个非常重要的过程，车身校正工作的好坏直接影响了车辆行驶的安全性、操纵稳定性。

任务一

车身测量设备及使用方法

 任务目标

知识目标	1. 能说出车身测量的意义与基准。
	2. 能正确运用车身测量设备。
	3. 能正确运用车身校正维修作业中尺寸确认工具设备。
能力目标	能够正确使用测量工具设备对事故车身进行车身校正维修前、维修作业中的损伤诊断。

 知识准备

一、车身测量的意义与基准

(一)车身测量的意义

车身测量的意义在于它可以对车身整体变形的程度进行确定,有助于做出正确的技术诊断,为制订合理的维修方案提供依据,还可以为检验维修竣工后的车身是否符合技术标准或达到预期的修复目标,并作为检验标准,保证维修质量。

对车身进行测量,主要是测量车身整体定位参数。车身整体定位参数是指那些对汽车发动机、底盘、车身主要构件的装配位置有直接影响的基础数据,如汽车的前轮定位、轴距误差和各总成的装配位置精度等。车身整体定位参数是原厂技术文件中有明确规定的重要数据,在车身维修过程中对这些数据进行测量,一方面能对车身技术状况进行进一步的诊断,另一方面又可以更好地指导车身维修。

一般应在维修作业前、作业中、竣工后三个阶段对车身进行测量。作业前的测量是确认车身的损伤状态并掌握其变形程度;作业中的测量主要是对维修过程中的质量加以控制;竣工后的测量是为验收和质量评估提供有效的数据。

在对车身进行测量时要认真做到以下几点。

1)测量前要准确地找出测量基准,基准正确与否将直接影响测量结果。

2)对损伤部位要找出合适的测量点进行测量,如果损伤部位的测量点发生变形或断裂,应寻找标准的测量点进行测量。

3）重要的控制点要进行多次测量。

4）重要数据的测量结果要反复核实。

车身的测量工作非常重要，为了保证车身修理工作的高质量和高效率，必须认真做好维修前的测量。

（二）车身测量的基准

车身的变形主要表现为尺寸数值与形状的变化，对车身的测量就是对车身构件的形状与位置误差的测量，然后进行数值分析、比较，从中找出相对位置的变化规律，进而对变形状况做出进一步的诊断。

1. 车身测量的基本要素

正确的车身测量是车身维修的基础，而要高质量地完成对车身的测量，必须掌握测量中的点、线、面三个基本要素。

2. 车身测量的原则

（1）控制点原则　车身设计与制造中设有多个控制点，车身测量的控制点可用于检测车身损伤及变形的程度。测量车身上各个控制点之间的尺寸后，如果测量值超出规定的极限尺寸，就应对其进行校正，使之达到技术标准规定的范围。承载式车身上的关键控制点位置如图 3-1 所示。第一个控制点①通常在前保险杠或车身前部散热器支架部位；第二个控制点②在发动机舱的中部，相当于前横梁或前悬架支承点处；第三个控制点③在车身中部，相当于后车门框部位；第四个控制点④在后横梁或后悬架支承点处。对车身进行整体校正时，可根据上述控制点的分布将车身分为前（A）、中（B）、后（C）三部分，如图 3-2 所示。这种划分方法主要基于车身壳体的强度等级和损伤程度，应分析并利用好各控制点在车身测量基准中的作用和意义。由于车身设计和制造是以这些控制点作为组焊与加工的定位基准的，因此由生产工艺留下来的基准孔同样可作为车身测量时的定位基准。此外，各主要总成在车身上的装配连接部位也必须作为控制点来对待。这些装配孔的位置都有严格的尺寸要求，对汽车各项技术性能有着重要的影响。

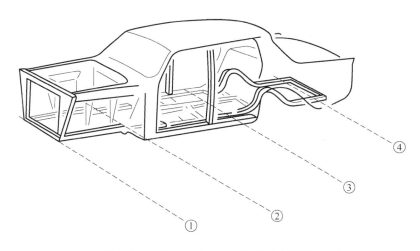

图 3-1　承载式车身上的关键控制点的位置

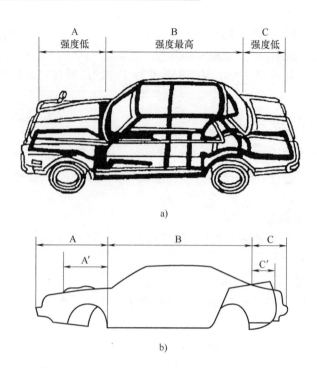

图 3-2　车身壳体的强度等级和损伤程度的分段
a）车身壳体的强度等级　b）车身受冲击时的损伤程度

　　实际上，对控制点的测量就是对车身关键参数的检查与控制，并且这些参数又是有据可查的，是目前车身维修中比较实用和流行的测量原则。

　　（2）基准面原则　设计车身时，通常是先选定一个水平基准面，如图 3-3 所示，车身上各对称平行点所形成的线或面与之平行。车身图样上沿高度方向所标注的尺寸是车身各部位与水平基准面间的距离，即水平基准面是所有高度尺寸的基准。在车身测量与维修中，同样可以将水平基准面作为车身高度尺寸的测量基准。在实际测量中，如果遇到要测量部位不便使用量具直接测量时，可以根据数据传递方法将基准面上移或下移，这样不仅有利于测量设备的使用，而且可以获得更加准确的测量结果。

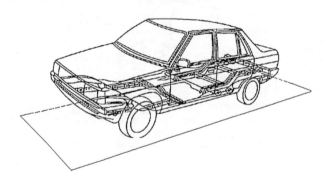

水平基准面

图 3-3　水平基准面

　　（3）基准中心线和中心面原则　利用一个假想的具有空间概念的直线和平面，能够将车身沿宽度方向截为对称的两半，这一直线和平面即为基准中心线和中心面，如图 3-4 所示。车身上各点通常是沿中心面对称分布的，因此所有宽度方向上的尺寸参数都是以该中心线或中心面为基准的。在实际测量中，使用中心量规检查车身损伤时，若不同测量断面上中心量规的中心销在同一直线或平面上，则说明车身无横向变形和损伤；反之，则说明偏移的中心量规所处的车身断面发生了横向变形或损伤。修复车身变形或损伤时，应在纵向、横向两个截面上反复调整和校对，使车身表面各控制点（空间坐标）符合技术规定。

大多数车身都是对称设计的，但也要注意非对称部位的存在及其测量要求。选择带有补偿不对称性的中心量规，测量时先消除因非对称部位而造成的数据偏差，再进行正常的测量。

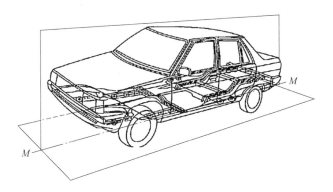

中心面

图 3-4　基准中心线和中心面

（4）零平面原则　承载式车身是一个整体刚性框架，整个车身都参与承载，车身会将载荷分散开来，分别作用于车身各个构件上。根据车身的变形特点和损伤规律，将把车身分为前、中、后三部分的两个界面称为零平面，如图 3-5 所示，零平面的变形可以理解为最小。以车身中部为例，当发生碰撞事故时，损伤最轻的部位通常是车身中部的对称中心，如果以此为基准测量，就可得到可靠的检查与测量结果。

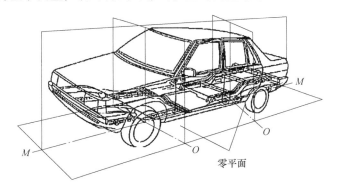

零平面

零平面

图 3-5　零平面

（三）车身测量参数的确定

1. 标准参数法

标准参数法测量是以车身图样或技术文件作为依据标准。汽车车身尺寸图中一般都注明了车身上特定的测量点，以此为基准对车身的定位尺寸进行测量，可以准确地评估其变形及损伤的程度，是可靠也较为常用的方法。图 3-6、图 3-7 和图 3-8 所示为车身前、中、后部典型的测量点，其标准尺寸在车身尺寸图中都已给出。图 3-9 所示为福特轿车车身地板的尺寸图。以图样给定尺寸为标准的参数法，在车身测量中，其定向位置要求用点与点之间的距离来体现，其对称性要求以理论轴线（或点）与实际对称轴（或点）的相对位置来体现。

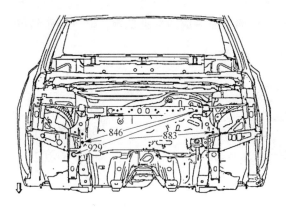

图 3-6　车身前部典型测量点

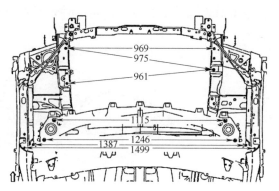

图 3-7　车身中部典型测量点

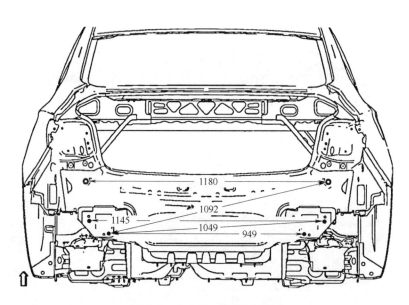

图 3-8　车身后部典型测量点

2. 对比参数法

对比参数法是以相同汽车车身的定位参数作为基准目标，当然，所选择的车身应完全符合技术文件规定要求的状况，必要时还可以通过增选汽车数量来提高基准目标的精准性。运用对比参数法确定基准时，应该注意以下两个问题。

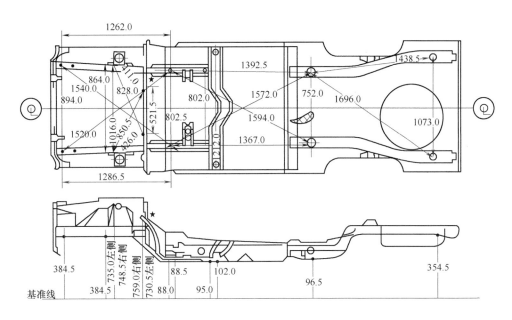

注：1.各点之间的尺寸均为实际标准尺寸。

2.尺寸公差为±1mm。

3.除非另外注明，正视图上的尺寸均为对称的。

4.孔的测量以边缘为准。

图3-9 福特轿车车身地板的尺寸图

（1）数据的选取 由于对比参数法需要操作者视情况量取有关数据，因此选择哪些测量点、数据链作为车身定位参数的基准目标也是一个值得研究的问题，应该遵循的原则是：

1）利用车身壳体上或车架上已有的基准孔，找出所需的定位参数值。

2）以基础零件和主要总成在车身上的正确装配位置为依据。

3）比照其他同类型车身图中的标示方法，来确定定位参数基准的量取方案。

（2）误差的控制 与标准参数法相比较，对比参数法测量的可靠性相对较差，这就要求应该尽可能减小测量的误差，以防止因累积误差的增加而影响质量，具体措施有：

1）选择便于使用的测量工具，如测距尺等。

2）不能以损伤的基准孔作为测量依据。

3）同一参数值应尽量避免接续，最好是一次性测得。

如果没有可供选择的车身作为对比条件，也可以利用车身构件的对称性，运用长度比较法和对角线比较法测量，但是这种方法仅适用于损伤程度不大的变形，且两者必须结合使用。

二、车身测量工具

1. 钢卷尺

车身维修中常用的基本测量工具有钢卷尺，如图3-10所示。钢卷尺一般用于测量车身上半部两个控制点之间的直线距离，其方便取得、价格便宜，但测量精度会受控制点之间未拆除部件的干扰及人为因素的影响。

将钢卷尺的前端加工后再进行测量，方便插入控制点孔内，可以减少测量误差，如图3-11所示。

图 3-10 钢卷尺

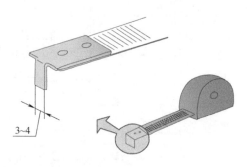

图 3-11 钢卷尺前端的加工

使用钢卷尺测量时的应注意：

1）不能产生扭曲、弯曲等。

2）确保压住测量点。必要时可二人作业，防止前端钩挂部位的偏差、掉落。

图 3-12 挂钩宽度影响的误差

3）要考虑钢卷尺前端钩挂部位的形状引起的误差，如图3-12 所示。

2. 轨道式量规

如果一些控制点之间不能进行直线测量，就需要使用轨道式量规，如图 3-13 所示。轨道式量规可以用来测量两个控制点之间的距离，一次只能测量一个尺寸。用轨道式量规测量时，应看清技术文件提供的控制点位置及构件的外部几何形状，采用正确的测量方法，尽量减小误差。在维修过程中，对重要控制点应用轨道式量规反复测定并记录，以判断汽车质量状况、监测维修进度、确认维修方法是否有效合理。

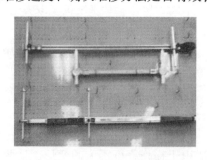
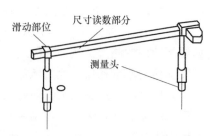

图 3-13 轨道式量规

（1）轨道式量规测量作业前检查 轨道式量规的尺寸读数部分和指示测量物的测量头是分开的。因此在作业时，测量头如果有变形和摆动的话就不能正确地测量，作业前必须按以下方式进行点检。

1）滑动部位是否顺畅。检查紧固触头的螺钉是否固定，并确认测量触头和滑动部位是否顺畅，如图 3-14 所示。

2）测量头是否变形。拆下测量头，使其在平面上滚动，如果测量头是板状的同样测试其与被测物间有没有空隙。此外，选择一个容易区分又好测量的长度为标准，用测量头和凸面卷尺分别测量以进行比较，测量头间的长度和刻度的数值不同时，需要进行修复。

（2）轨道式量规的测量 在车身结构设计中，设有工艺孔和维修孔，这些孔可作为基准和控制点进行测量，一般测量两个孔中心的距离，由于轨道式量规的测量头是锥体，因此进行点对点的测量更有效。用轨道式量规对孔进行测量时，如果测量孔直径比轨道式量规测量头的锥头小，那么锥头就能起到自定心的作用。但是有的测量孔直径会大于测量头的直径，这时只能测量测量孔的边缘，如图 3-15 所示。对于直径相同的两个测量孔，由于两个孔中心的距离等于两个孔同侧边缘的距离，为了测量更为准确，可以用同缘测量法进行测量，如图 3-16a 所示。

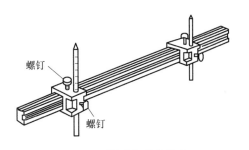

图 3-14 滑动部位的检查

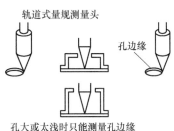

图 3-15 测量孔直径大于测量头

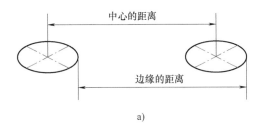
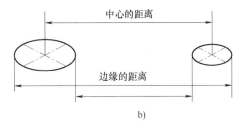

图 3-16 同缘测量法
a）孔径相同 b）孔径不同

如果测量孔直径不同，要测出两个孔中心的距离，就要先测得两孔内缘间距，然后测得两孔外缘间距，再将两次测量的结果相加除以 2 即可，也就是说，孔径不同时，内缘间距和外缘间距的平均值与中心距离相同，如图 3-16b 所示。

（3）使用轨道式量规的注意事项

1）测量头应准确地插入要测量的孔中。

2）测量头不应超出自身的极限长度。测量头伸出太长容易弯曲，测量尺寸容易产生误差，如图 3-17 所示。

3）若两个测量孔直径都比测量头直径大，则两个测量头都应带适配器进行测量。如果只有一个测量头使用适配器，测量误差会变大，如图 3-18 所示。

4）应测量两点间的直线距离，如果中间有障碍，应设法让测量点提高或者降低。

5）测量时量规臂应与汽车车身平行，应将量规臂上的指针根据车身尺寸设置成不同长度。

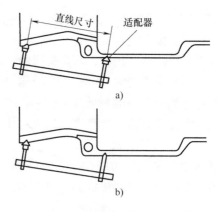

图 3-17　测量头不要超出自身的极限长度

图 3-18　测量头带有适配器的场合
a）正确　b）错误

6）按各种要求对车身进行测量时，应根据维修说明书的建议采用统一的测量方法，如果测量方法不统一，测量时很容易发生错误。

7）对受损车身上的各个测量点都应该进行测量，用标准尺寸减去实际测量尺寸即可确定损坏的程度。

三、车身测量系统

1. 机械式测量系统

机械式测量系统是依据三维坐标法来进行测量的，可以对车身上的各个控制点同时进行测量，而且测量更容易、更精确。机械式测量系统在现代维修作业中被广泛使用，这种系统的测量精度达到 ±1mm~±1.5mm 时为一个合格的车身测量工具。机械式测量系统可分为量规测量系统、通用测量系统和专用测量系统。

在汽车车身制造过程中，是将板件固定在车身模具上，通过车身模具对板件进行快速定位、安装、焊接等工作，即专用模具测量系统。要制作尺寸、形状均符合技术设计要求的车身构件，就需要一套标准的定位器，一套标准的定位器由 14~25 个专用定位器组成，如图

图 3-19　专用测量系统

3-19 所示，它们既可以单独使用也可以一起使用，这就是专用模具式测量系统。

专用模具式测量系统具备汽车制造厂生产线组装板件的功能。模具系统的参考点可以最直观的提供 X-Y-Z 三维尺寸，最大可能的消除人为因素错误。当车体需要更换板件时，定位器会将新的板件精确地装设于正确地位置上，技师的双手解放出来可以自由地进行其他作业，如图 3-20 所示。

图 3-20 专用模具式测量系统

2. 电子式测量系统

电子式测量系统是利用计算机和传感器来迅速、便捷地测量车身结构的损坏情况的。在电子式测量系统中，计算机数据库储存了大量不同车型的车身数据，在测量时可以将实际的测量值与对应车型的车身标准数据进行比较，以确定车身结构是否变形及变形的具体数值。

电子式测量系统主要有以下几种类型：

（1）半机械半电子测量系统 半机械半电子测量系统的测量工具是类似轨道式量规的测尺，在测尺上安装了位移传感器，可以显示高度、长度两个方向上的测量数值，如图 3-21 所示。测量后要通过有线或无线方式把数据传输到计算机软件系统内，软件系统将测量的数据与系统内标准数据对比，由此得知测量结果。

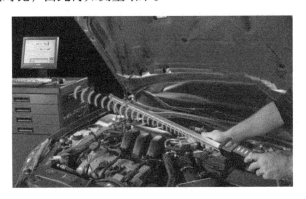

图 3-21 半机械半电子测量系统

半机械半电子测量系统一次只能测量一个控制点或两个控制点之间的位置参数，不能同时测量多个控制点且不能及时地反映控制点数据的变化情况，同时需要反复测量不同的控制点来确定相关尺寸的正确性，操作比较烦琐，效率较低。

（2）半自动电子测量系统 半自动电子测量系统使用自由臂方式进行测量，自由臂由可以转动的关节连接，每两个自由臂之间可以在一个平面内 360° 转动，多个自由臂的转动可以实现移动到空间的任意一个位置。在连接处有角度位移传感器，任何一个关节转过的任何一个角度都会被传输到计算机上。每个自由臂的臂长都是固定的，计算机会自动计算自由臂端部到达的空间位置的三维数据尺寸，图 3-22 所示为半自动电子测量系统。

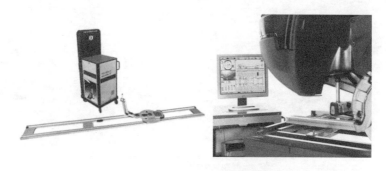

图 3-22　半自动电子测量系统

半自动电子测量系统每次只能测量一个控制点；有的测量臂端部是测量头，控制点如果发生变形，测量结果会不准确。

在实际拉伸修复中，经常需要同时测量不同的控制点，否则可能导致有些点拉伸数据的失控。半自动电子测量系统只能在每次拉伸后再进行控制点的测量来得到数据，而不能随着拉伸的进程随时监控数据变化，这样就容易导致过度拉伸而使修复失败。

（3）全自动电子测量系统　目前应用最为广泛的一种全自动电子测量系统为超声波测量系统，如图 3-23 所示，其能同时对多个点进行监测，精度可以达到 ±1mm，测量稳定、准确，可以瞬时测量，操作相对简单、高效。

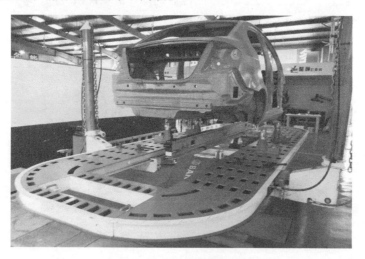

图 3-23　超声波测量系统

超声波测量系统由超声波发射器、超声波接收器、控制柜（包括计算机）及各种测量头、测量转换器组成，如图 3-24 所示。

超声波发射器如图 3-25 所示，其有上下两个发射源同时发射超声波。测量时，将发射器测量头及测量转换器安装到车身的某一个构件的测量点上，用发射器发射超声波，由于声音是以等速传播的，装在测量横梁上的上下两排 48 个接收器可快速精确地测量超声波在车身上不同基准点之间传播所用的时间，计算机根据每个接收器的接收情况自动计算出每个测量点的三维数据。

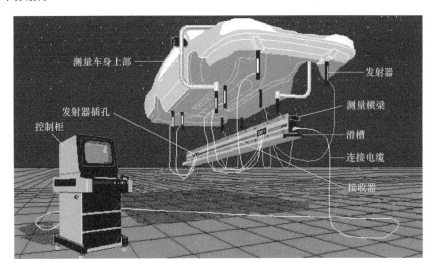

图 3-24　超声波测量系统的组成

使用全自动电子测量系统对车身进行测量的流程如下：

1）使用双柱举升机举升车身，将测量横梁放置在车身正下方，要求测量横梁的前部箭头指示方向与车身前部方向一致，且车辆底盘与测量横梁间的距离为 30~40cm，如图 3-26 所示。

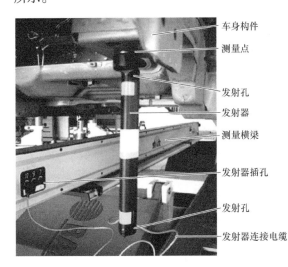

图 3-25　超声波发射器

图 3-26　放置测量横梁

2）通过通信电缆将测量横梁连接到控制柜上，注意特殊接头的正确位置及连接方法。

3）打开控制柜的开关，开机后，系统将直接进入语言选择界面，如图 3-27 所示，按键盘相应数字或单击图标将进入下一界面。

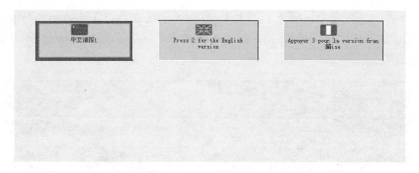

图 3-27　语言选择界面

4）系统将陆续进入欢迎界面与系统界面，如图 3-28 所示，按键盘上的 F1 键可进入下一界面。

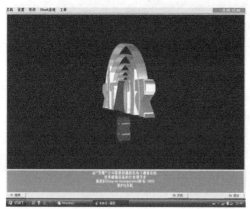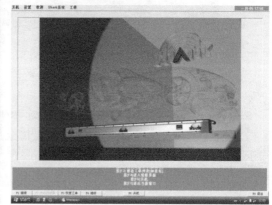

图 3-28　欢迎界面与系统界面

5）进入工单界面，输入客户信息，包括车辆的信息和车主的信息，如图 3-29 所示，这些输入的信息可以与后面测量结果一起存储，方便日后查询。

6）详细填写工单后会自动弹出车辆选择界面，如图 3-30 所示，选择符合的车辆型号。

7）车型数据选择完成后，系统将进入工单确认界面，如图 3-31 所示，确认无误后按 F1 进入下一界面。

8）选择测量基准。由于每个超声波发射器有两个发射源，接收器也有多个，系统可以自动计算出宽度和高度的基准。应根据车辆的损坏情况来选择长度基准，若车身前部发生碰撞，则选择后面的基准点作为长度基准；若车身后部发生碰撞，则选择前面的基准点作为长度基准；若车身中部发生碰撞，则要对车身中部进行修整，直到车身中部四个基准点有三个点的尺寸被恢复。

首先要选择四个基准点，一般情况下选择 a 和 b 作为测量的基准点，如图 3-32 所示。如 a 或 b 出现损坏，需选用没受损的点作为基准修复 A 和 B，再以 a 和 b 作为基准点。

基准点一般为三个，在 a 和 b 四个点中，有一个点是作为参考点对基准面进行验证的。基准点选择无误后，才可以对其他测量点进行测量。

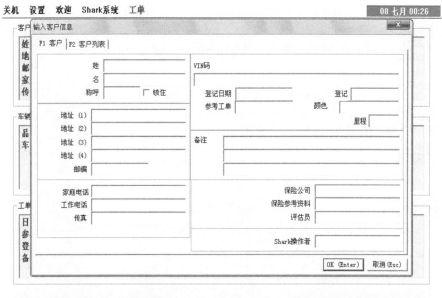

图 3-29　工单界面

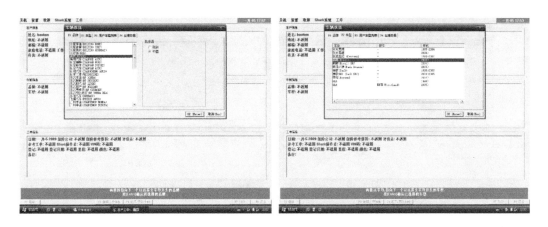

图 3-30　车辆选择界面

9）安装测量头与超声波发射器。

① 根据界面提示，从测量工具中选择基准点 a 的相应测量头，再将基准点 a 的测量头安装到车身的相应位置，如图 3-33 所示，使用内六角扳手紧固。以同样的方式安装车身另一侧基准点 a 的相应测量头，确保安装可靠。

② 从工具箱中取出超声波发射器，将超声波发射器安装到基准点 a 的测量头上，另一端（通信电缆）连接到测量横梁的发射器插孔上，如图 3-34 所示。以同样的方式安装车身另一侧基准点 a 测量头的超声波发射器。

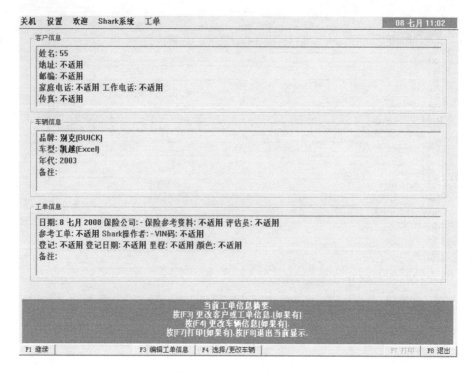

图 3-31　工单确认界面

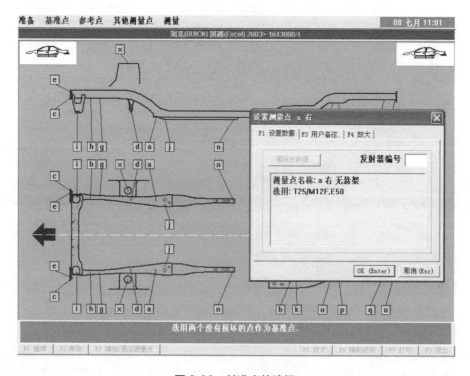

图 3-32　基准点的选择

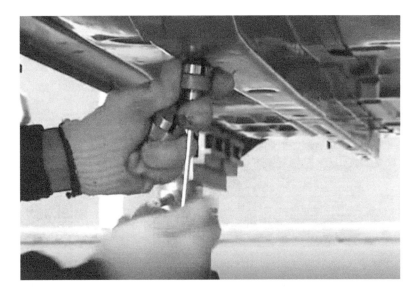

安装基准点的相
应测量头并测量

图 3-33　安装基准点 a 的相应测量头

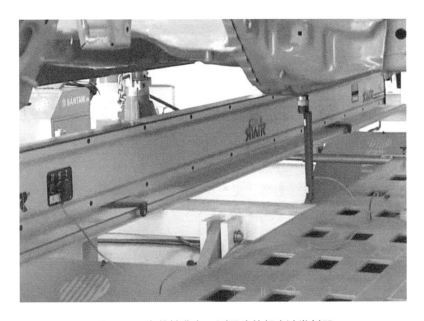

图 3-34　安装基准点 a 测量头的超声波发射器

③ 根据界面提示，从测量工具中选择基准点 b 的相应测量头（按照设备使用规范组装基准点 b 的两个测量头），再将基准点 b 的测量头安装到车身的相应位置，使用内六角扳手紧固。以同样的方式安装车身另一侧基准点 b 的相应测量头，确保安装可靠。

④ 从工具箱中取出超声波发射器，将超声波发射器安装到基准点 b 的测量头上，另一端（通信电缆）连接到测量横梁的发射器插孔上。以同样的方式安装车身另一侧基准点 b 测量头的超声波发射器。

⑤ 安装完成后，界面将自动显示测量点的位置。

10）车身损伤诊断（数据测量）。

① 根据车身的损坏情况来选择车身上需要进行测量的测量点，按照界面提示在测量工具中选择该测量点的相应测量头，如图 3-35 所示，再将测量头安装到车身的相应位置，使用内六角扳手紧固。以同样的方式安装车身另一侧测量点的测量头，确保安装可靠。

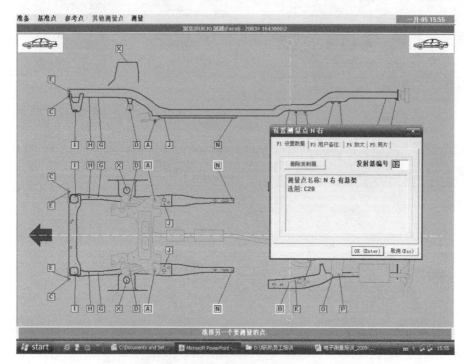

安装测量点的相
应测量头并测量

图 3-35　其他测量点界面

② 从工具箱中取出超声波发射器，将超声波发射器安装到测量点的测量头上，另一端（通信电缆）连接到测量横梁的发射器插孔上。以同样的方式安装车身另一侧测量点测量头的超声波发射器，确保连接可靠。

③ 安装完成后，系统会根据需要自动地把实际的测量值、标准数值和两者差值显示出来，如图 3-36 所示。如果差值超过 3mm，就需要对该点进行拉伸校正。

④ 单击前一次的测量点（为白色框），在弹出的对话框中选择删除发射器，该点将变成蓝色；从该测量点上拆下超声波发射器、测量头以及加长杆，放回工具箱中；然后再选择要测量的其他测量点进行测量。

11）拉伸校正中的测量。

① 在测量界面按 F2 可进入拉伸界面。

② 超声波发射器会不间断地测量，实时对车身进行监控。黄绿色圆圈代表高度方向的误差，红白相间的线条代表长度和宽度方向的，在操作拉伸时会发现红白线变短直至恢复到原尺寸点即消失，如图 3-37 所示。

③ 按 F1 可放大拉伸界面，能够更醒目地显示车身测量点的变形与修复情况，如图 3-38 所示。

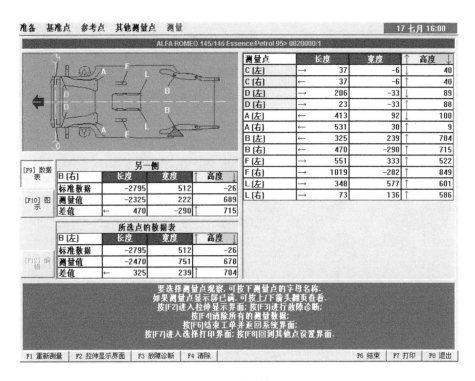

图 3-36 测量数据显示

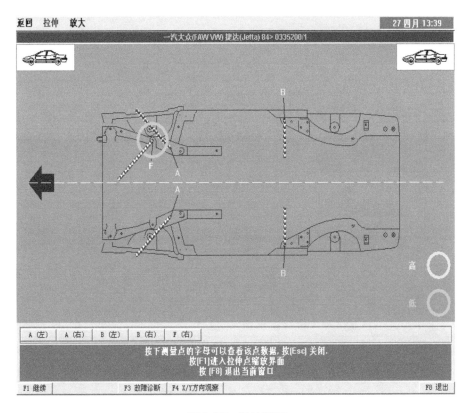

图 3-37 拉伸界面

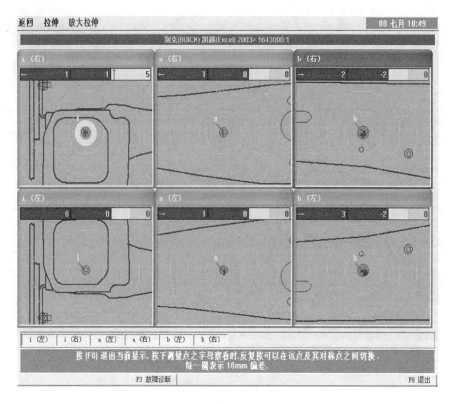

图 3-38　拉伸界面的放大显示

12）打印输出。退回到测量界面后按 F7 进入打印界面，可根据需要打印相应的结果，如图 3-39 所示。

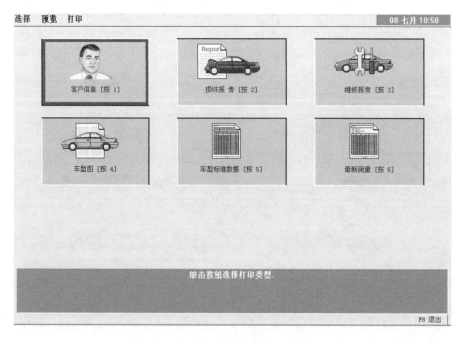

图 3-39　打印输出

任务实施

（一）作业准备

1. 设备器材

承载式车身、专用测量系统、半自动电子测量系统、全自动电子测量系统、半机械半电子测量系统、轨道式量规、钢卷尺、钣金手动工具组等。

2. 个人防护工具

工作服、安全鞋、安全帽、棉纱手套等。

3. 场地设施

理实一体化教室、汽车钣金实操实训场地。

4. 耗材

大张白纸、干净抹布。

（二）工作计划

1）将学生分为四组安排在理实一体化教室，通过传授法、分组讨论法、视频观摩法学习车身测量的意义与基准，然后学习和认识车身校正作业中的损伤判断的方法及使用的工具设备。

2）将学生四人分为一组安排在汽车钣金实操实训场地，通过对车身观察了解车身测量的基准面、中心面与零平面，同时学习车身校正维修前的损伤诊断的工具应用、车身校正维修中的尺寸确认的工具设备的应用。

（三）实施工作

1. 准备安全工作着装

2. 测量步骤

（1）工具调校

1）准备一钢直尺（1000mm）放置工作桌上，拉开伸缩量尺到一定距离后放置在钢直尺上，判读伸缩量尺与钢直尺上的数据。

2）判读数据。如钢直尺为750mm，伸缩量尺为751mm，则表示伸缩量尺在车身测量后的数据必须_____，反之则需_____。

3）做完短尺（415~925mm）可作为长尺的归零标准。

4）量尺使用时以先拉_____再拉_____。

（2）测量方法

1）当控制孔的直径相同：_____。

2）当控制孔的直径不同：采用外缘测量或先测孔内缘间距再测外缘间距，将两次测量结果相加除以2。

3）当控制孔比测量销直径小：_____。

4）当控制孔比测量销直径大：采用外缘测量或_____进行中心点测量。

（3）测量注意事项

1）测量作业中指针不可碰触任何物品，否则重新校正。

2）如果指标长度或角度已经改变，则务必重新校正。

3）如果指针与其他物体接触，则务必重新校正。

4）如果在钢卷尺锚定侧的指标打滑，则务必重新校正。

（4）测量完毕，整理工位，6S管理

 任务练习

单选题

1）（   ）是用于测量车身长度尺寸的平面。

    A. 基准面　　　　　　　　　　B. 中心面

    C. 零平面　　　　　　　　　　D. 斜面

2）确定控制点位置时，首先在车辆的（   ）车身上找出一个水平面，确定四个未受破坏的控制点的位置，这样可以确定一个未受破坏的长度、宽度和高度。

    A. 前部　　　　　　　　　　　B. 中部

    C. 后部　　　　　　　　　　　D. 侧面

3）全自动电子式测量系统的测量精度要达到（   ）。

    A. ±1mm　　　　　　　　　　B. 0.5mm

    C. 1.5mm　　　　　　　　　　D. 1.6mm

4）在实际测量时，车辆的基准面和测量系统的基准面（   ）。

    A. 要求完全重合　　　　　　　B. 只要求平行

    C. 重合或平行都可以　　　　　D. 垂直

 任务评价

评价指标		学生自评（30%）	小组互评（30%）	教师评价（40%）
素质评价（20%）	劳动态度（4分）			
	工作纪律（4分）			
	安全操作（4分）			
	环境保护（4分）			
	团队协作（4分）			
技能评价（80%）	工具使用（10分）			
	任务方案（10分）			

（续）

评 价 指 标			学生自评 （30%）	小组互评 （30%）	教师评价 （40%）
技能评价 （80%）	实施步骤 （40分）	准备安全工作着装			
		工具调校			
		测量			
		6S 管理			
	完成结果 （10分）				
	作业完成 （10分）				
本次得分					
最终得分					

教师签名：_____

日期：_____年___月___日

任务二

车身校正设备及使用方法

 任务目标

知识目标	1. 能说出市场上车身校正设备的种类及样式。
	2. 能概括常用车身校正平台的结构组成。
	3. 能描述车身校正设备安全操作要领。
能力目标	能够正确规范地进行平台式车身校正仪及框架式车身校正仪的使用及安全防护。

 知识准备

一、车身校正设备种类

（一）地藏式校正系统

地藏式校正系统可根据车间的维修工艺和布局任意组合，配备不同功能的台架，导轨强度高、变形小，长期使用不易变形损坏，轨道为圆形闭环设计，拉塔可以在整体钣金工位轨道内任意移动锁定，各工位拉塔可以相互调用，实现多点同时拉伸，提高工作效率，配备向上向下拉伸器使上下拉伸更方便。所有校正仪都可藏于地面以下，上车装卡非常方便；并带有 3t 或 5t 剪式举升机，举升高度为 1.35m 或 1.6m，对事故车的拆卸和拉伸都可以在一个工位上完成，既节省了时间又提高了工作效率。但是其造价相对较高，没有底盘定位功能，底盘校正不易。常见的地藏式校正系统如图 3-40 所示。

图 3-40　地藏式校正系统

（二）平台式车身校正仪

平台式车身校正仪是一款通用型车身校正设备，可以对各种类型、型号的车身进行有效的校正。平台式车身校正仪配备的两个或多个塔柱可以沿工作台轨道做任意移动，从而对车身进行多点、全方位的维修。很多平台式车身校正仪有液压倾斜装置或整体液压升降装置，利用一个手动或电动拖车器将车身拉（推）到校正平台上的一定位置。常见的平台式车身校正仪如图 3-41 所示。

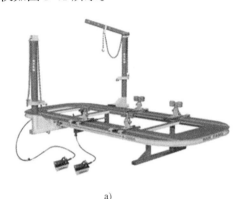
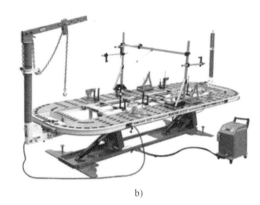

a)　　　　　　　　　　　　　　　　b)

图 3-41　平台式车身校正仪

a）不带举升功能　b）带举升功能

平台式车身校正仪通过四个通用主夹具来固定车身，然后用塔柱控制拉臂进行变形部分的拉伸。这种情况下，其很难对车身底部的重要的点进行控制和校正，在拉伸变形部分时会影响其他点。同时，由于车身各个部位的强度不一样，在拉伸修复时，可能有些点先到位，有部分点没有到位，而修复后的点又走位了。应力的消除是另一个很难解决的问题。平台式车身校正仪占地面积较大，移动不方便，配用的测量尺不能进行准确的测量，无法对事故车身进行精确的维修。

平台式大梁校正仪主要由以下部分组成：

1. 校正平台

校正平台是车身修复的主要工作平台，如图 3-42 所示，事故车身的拉伸校正、测量、板件更换等工作都在校正平台上完成。

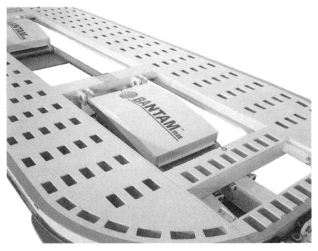

图 3-42　校正平台

2. 上车系统及平台升降机构

通过上车系统和平台升降机构可以把事故车放置在校正平台上。上车系统包括上车板、拖车器、车轮支架等，如图 3-43 所示。通过液压缸可以把平台升到一定的工作高度，平台的工作高度有固定式和可调式的，固定式的一般采用倾斜式升降机构，高度为 500~600mm；可调式的一般采用整体式升降机构，高度为 300~1000mm，如图 3-44 所示。

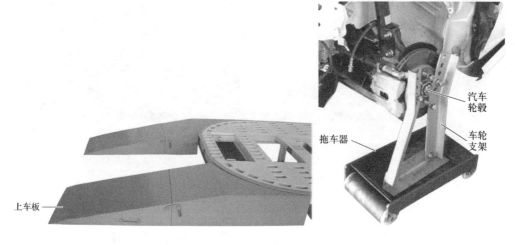

图 3-43　上车系统

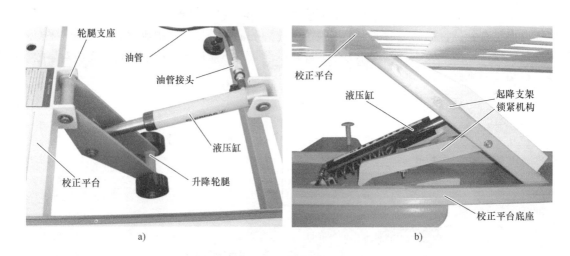

a)　　　　　　　　　　　　　　　　　　　　　b)

图 3-44　升降机构

a）倾斜式升降机构　b）固定式升降机构

3. 主夹具

维修前，通过固定在平台上的主夹具紧固车身，使车身、平台和主夹具成为一个刚性的整体，车身在拉伸操作时不能移动。为了满足不同车身下部固定位置的需要，主夹具有多种结构，如图 3-45 所示。双夹头夹具可以夹持比较宽的裙边部位，防止拉伸中损坏夹持部位；单夹头夹具的钳口开口很宽，能够夹持车架；有些汽车没有普通汽车的点焊裙边，如奔驰或宝马汽车，需要使用专用夹具来夹持。

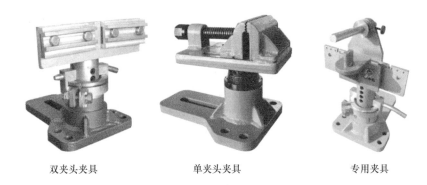

双夹头夹具　　　　　　　　单夹头夹具　　　　　　　　专用夹具

图 3-45　不同形式的主夹具

4. 液压系统

车身拉伸校正工作是通过强大的液压力把车身上变形的板件拉伸到位的，平台式车身校正仪一般配用气动液压泵或电动液压泵，如图 3-46 所示，通过油管把液压油输送到塔柱内部的液压缸中，推动液压缸的活塞顶出。气动液压系统一般是分体控制的，而比较先进的电动液压系统一般是集中控制的，由一个或两个电动液压泵来控制所有的液压装置，这样效率更高，故障率更低，工作平稳。

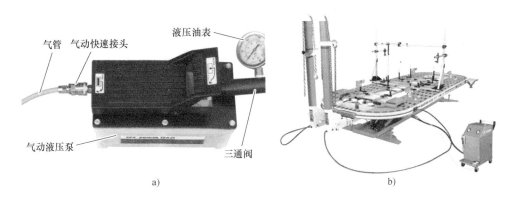

气管　气动快速接头　　　　　　液压油表

气动液压泵　　　　　　　　　　三通阀

a)　　　　　　　　　　　　　　　　　　b)

图 3-46　液压泵

a）气动液压泵　b）电动液压泵

5. 塔柱拉伸系统

损坏板件的拉伸操作是通过塔柱实现的，如图 3-47 所示。塔柱内部有液压缸，液压油推动液压缸活塞，活塞推动塔柱的顶杆，顶杆从塔柱伸出的同时拉动链条，在顶杆的后部有链条锁紧窝把链条锁住，通过导向环改变拉力的方向，导向环通过摩擦力卡在塔柱上。

6. 钣金工具

钣金工具包括各种用于拉伸车身各个部位的夹持工具，如图 3-48 所示。

7. 测量系统

测量系统是整个车身修复过程中不可或缺的。各式测量系统在前文中已介绍，这里不再赘述。

顶杆

链条

斜拉臂

导向环

塔柱

锁紧销

快速接头

图 3-47　塔柱拉伸系统

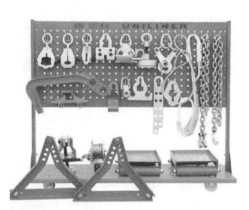

图 3-48　钣金工具

（三）框架式车身校正仪

　　框架式车身校正仪配备了根据车身主要控制点尺寸制造的专用测量头，使用专用测量头可以快速地把车身变形点拉伸到标准位置，达到修复的目的，框架式车身校正仪台架占地较小，移动灵活。但使用框架式校正仪时，车辆上架比较麻烦，需借助举升设备将车辆举起，然后平稳地放在校正仪上装夹，配备的拉塔不易在工作台上随意转动，给维修操作带来了不便。常见的框架式车身校正仪如图 3-49 所示。

　　框架式车身校正仪最大的优点和缺点都是专用性。在车身校正修复时，维修人员只需注意车身的定位点（孔）能否与专用测量头相配合，而无需考虑其具体的尺寸变化是多少。但是，现代车辆的多样性导致车身形式不断变化，所配备的专用测量头也要随之增加，维修的成本随之增高。

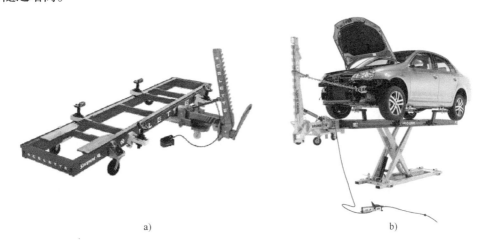

a)　　　　　　　　　　　　　　　　　　　　　b)

图 3-49　框架式车身校正仪

a）不带举升功能　b）带举升功能

框架式车身校正仪的组成结构主要包括以下几个部分：

1. 校正平台

校正平台是车身修复的主要工作平台，如图 3-50 所示，事故车身的拉伸校正、测量、板件更换等工作都在该校正平台上完成。校正平台上铸制了用于 MZ 模具系统使用的螺杆洞孔，以便于架设不同用途的模具基座。

图 3-50　校正平台

2. 锚定夹具

在进行拉拔校正前，通过固定在校正平台上的锚定夹具紧固车身，使车身、平台和锚定夹具成为一个刚性的整体，锚定夹具如图 3-51 所示。

3. 专用横梁组

在进行事故车辆维修时，需要根据不同车型在校正仪平台上放置不同横梁并固定，然后再放置 MZ 模具系统，判断车身的损伤情况。每个横梁都有相应的名称，如 A、B、C1、C2、D 横梁，如图 3-52 所示。

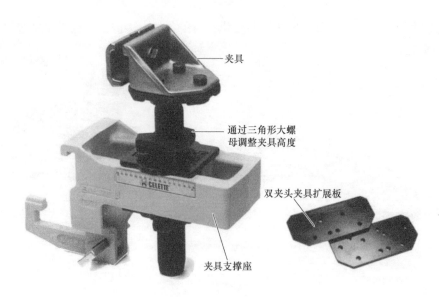

图 3-51　锚定夹具

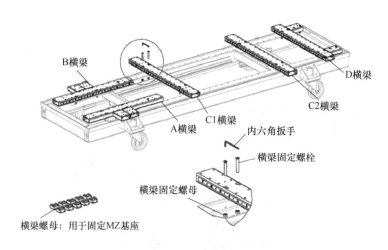

图 3-52　横梁组

4. MZ 模具系统

MZ 模具系统提供 *X-Y-Z* 三维尺寸与立体角度的参考点，呈现整个车身各部分的几何空间关系，以避免人为推测误差。MZ 模具系统主要包括 22 个 MZ 基座与 34 根通用立柱，如图 3-53 所示，MZ 基座与通用立柱的连接如图 3-54 所示。

5. 气动液压泵

框架式车身校正仪一般配气动液压泵，如图 3-55 所示，通过油管把液压油输送到拉力臂上的液压缸中，推动液压缸的活塞顶出。

6. 拉力臂

拉力臂主要用于配合校正平台做拉拔校正作业，其通过液压撑杆的伸长，带动链条、尼龙带进行拉拔，如图 3-56 所示。

拉力臂可根据使用需要架设于校正平台四周，同时拉力臂的水平横杆可依操作需要做不同方向的定位，进行多角度的拉拔校正作业。

图 3-53　MZ 模具系统

图 3-54　MZ 基座与通用立柱的连接

图 3-55　气动液压泵

图 3-56　拉力臂

7. 拉拔夹具

拉拔夹具包括各种专门用于拉伸车身各个部位的夹持工具，如图 3-57 所示。

图 3-57　拉拔夹具

（1）多功能布拉条组　多功能布拉条组有两条，长度分别为 0.75m 及 1.50m，用于拉拔车门中立柱，其不会损伤车身，具有保护作用，如图 3-58 所示。

图 3-58　多功能布拉条组

（2）减振器校正推拉盘与专用特殊拉板　在校正减振器支架时，为了防止减振器的变形，可安装减振器校正推拉盘，再利用减振器专用特殊拉板进行修复，如图 3-59 所示。

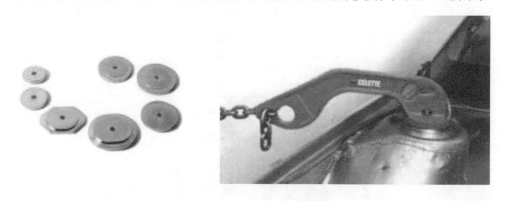

图 3-59　减振器校正推拉盘与专用特殊拉板

（3）扣环式接头链条　因车身底部与校正平台之间的空间狭小，所以在进行向下拉拔作业时，与链条相接的夹具会成为工作的障碍。此时可使用接头具有扣环作用的扣环式接头链条进行作业，如图 3-60 所示。

（4）门框校正器　门框校正器有单杆和双杆两种，用于在焊接时固定已匹配的车门接缝或其他板材，此外，也可以用它进行少量的压紧作业，如图 3-61 所示。

图 3-60　扣环式接头链条

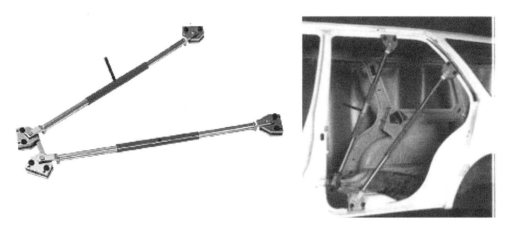

图 3-61　门框校正器

（5）活动式滑车　活动式滑车可灵活地推动周围已受损的车体。滑车的四个轮座均可360°旋转，如图 3-62 所示。

图 3-62　活动式滑车

8. 专用模具式测量系统

汽车车身都是通过车身模具将板件固定在车身模具上对板件进行快速定位、安装、焊接等工作。最后焊接组装而成汽车车身整体，要制作一个尺寸、形状均符合技术设计要求的车身构件，就需要一套标准的定位器，一套标准的定位器由 14~25 个专用定位器组成，它们既可以单独使用也可以一起使用，这就是专用模具式测量系统。

二、车身校正设备的使用及安全防护

(一) 平台式车身校正仪的使用及安全防护

1. 平台式车身校正仪使用

（1）移车操作　在将碰撞损坏的车辆移至校正平台前，需要拆除一些妨碍操作的车身覆盖件和机械部件。根据平台升降机构的类型，把平台一侧倾斜或整体降到最低高度，用手动或电动拖车器把车辆拉到平台上的合适位置，如图 3-63 所示。

（2）车身在校正平台上的定位　将车辆移至校正平台上后，首先应确定车身与测量系统的基准，其次就是在校正平台上定位。因为测量工作要贯穿整个车身维修过程，特别是使用机械式测量系统时，车辆在固定前必须要找好测量的三个基准（图 3-64）。车辆在拉伸的过程中是不能有位移的，否则会导致测量基准的变化。如果使用全自动电子测量系统（如超声波测量系统），就不需要进行测量基准的找正，计算机会自动找到测量的基准。

图 3-63　移车操作

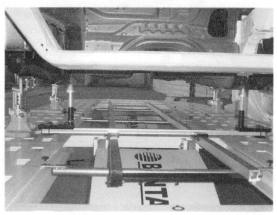

图 3-64　事故车在平台上的定位

确定测量基准后，就可以使用气动冲击扳手配合冲击套筒对车身进行固定，如图3-65 所示。承载式车身在固定时至少需要四个以上的固定点，通过主夹具固定这些车身固定点，然后把主夹具紧固在校正平台上，车身、主夹具和校正平台相互之间应没有位移。在对车身紧固部件进行拉伸操作时，最好在拉伸方向的相反方向设置一个辅助牵拉装置以抵消拉伸的力量，防止夹持部位部件损坏。

（3）车身的测量与拉伸作业　车身定位完成后，应进行下一步的测量以及根据损伤程度与测量结果进行拉伸校正工作，如图 3-66 所示。

图 3-65　固定车身

图 3-66　车身的测量与拉伸作业

　　首先对碰撞部位进行简单的大致整修，有些在碰撞中严重变形的部件可能需直接更换，这需要大致整修以确定连接部件的损伤情况。然后使用测量系统对变形部件进行测量，明确受损板件变形的方向和大小。再根据测量的结果对损坏的部件进行拉伸校正。

　　2. 平台式车身校正仪使用中的安全防护

　　使用校正仪时，不正确的操作可能对人员、车身和校正仪都造成损伤，因此应注意以下安全规则：

　　1）根据所用设备的说明书，正确地使用车身校正仪。

　　2）严禁非熟练人员或未经过正式训练的人员操作校正设备。

　　3）拉伸前车辆要装夹牢固，检查主夹具固定螺栓和钳口螺栓是否紧固牢靠。

　　4）要用推荐型号和级别的拉伸链条及钣金工具进行操作。

　　5）拉伸时，钣金工具要在车身上紧固牢靠，链条必须稳固地与汽车和校正平台连接，以防在牵拉过程中脱落。避免将链条缠在尖锐器物上。

　　6）一侧拉伸力量大时，一定要在相反一侧使用辅助牵拉装置，如图 3-67 所示，以防将汽车拉离校正平台。如汽车前部只有一个辅助固定，在拉伸过程中将产生偏转力矩，使车身扭转，如图 3-68a 所示；而汽车前部使用两个辅助固定后，在拉伸过程中就不会对车身产生偏转力矩了，如图 3-68b 所示。

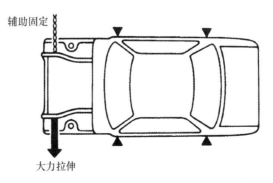

图 3-67　对车辆进行辅助固定

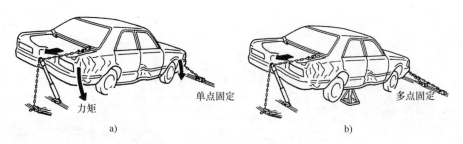

单点固定

力矩

a)

多点固定

b)

图 3-68 对车辆进行单点固定和多点固定

7）操作人员在汽车上面和汽车下面工作时，不要用千斤顶支撑汽车。

8）严禁操作人员与链条或牵拉夹钳在一条直线上。因为当链条断裂、夹钳滑落、钢板撕断时，在拉伸方向可能会造成直接的伤害事故。在车外进行拉伸校正时，严禁操作人员在车内工作。

9）应用厚防护毯包住链条或用安全绳（钢丝绳）把链条、钣金工具固定在车身的牢固部件上，如图3-69所示，如果链条断裂，可防止工具、链条甩出对人员和其他物品产生损伤。

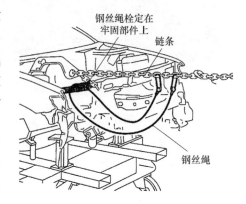

钢丝绳栓定在牢固部件上

链条

钢丝绳

图 3-69 安全绳防护

10）拉伸时，要把塔柱与校正平台的固定螺栓紧固牢靠，否则拉伸中塔柱滚轮移动装置会受力损坏，可能导致塔柱突然脱离平台造成人员或物品的损伤。

11）使用链条进行拉伸时，应将链条在顶杆的锁紧窝锁紧，链条不能扭曲，所有链节应呈一条直线。导向环的固定手轮是在拉伸前固定导向环高度的，开始拉伸后要松开手轮，防止链条断裂时左右甩出。手轮松开后，一旦链条断裂，导向环在自重作用下会下滑，使链条向下甩出。

（二）框架式车身校正仪的使用及安全防护

1. 框架式车身校正仪的正确使用

（1）选择测量模具　根据事故车的品牌、车型选择该车的专属测量模具，如图3-70所示。

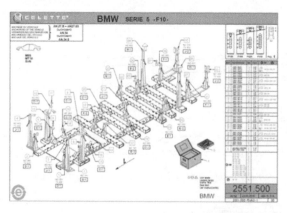

图 3-70 选择车型专属模具

（2）拆卸操作　车辆在上架校正前，应先将影响车身校正的车身覆盖件及发动机总成等拆卸下来。

（3）确定车身维修状态

1）若车身损坏较轻，则无需拆除车身附件。

2）若车身撞击严重，则需要拆除车身附件。拆除车身附件时可用前拆后不拆、后拆前不拆两种方式。

（4）定位横梁　根据模具图样定位横梁，如图 3-71 所示。

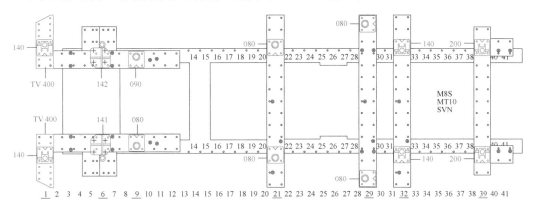

图 3-71　定位横梁

（5）上架定位　借助举升设备举升车辆，在车身上挑出至少四个没有损坏的部位，安装好模具及基座，把校正平台移动到车体下方，然后利用移动式顶高机慢慢地将车身放置在基座对应的横梁位置上，用锚定夹具固定车身，如图 3-72 所示。

上架定位注意事项：

1）上架作业时最少以 4 个基准点上架定位。

2）以基准点上架定位后，必须将锚定夹具固定车辆。

上架定位

图 3-72　上架定位

（6）安装测量头测量变形点　根据车身损伤的部位，选择相应的模具和基座，安装在横梁的对应位置上，测量车身损伤部位是否发生变形，如图 3-73 所示。未发生变形如图 3-74 所示，发生变形如图 3-75 所示。

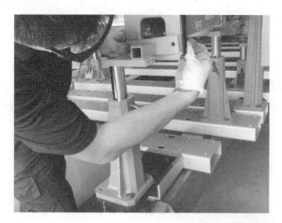

安装测量头测量
变形点

图 3-73 安装测量头测量变形点

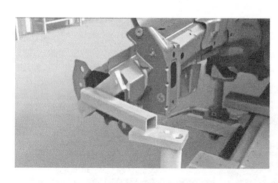

图 3-74 测量点未发生变形　　　　　　图 3-75 测量点发生变形

（7）拉拔校正及更换损坏部件　根据受损部位的损伤状况来决定采用何种修理方法，修理作业大体分为三类：

1）校正作业。将受损部位的变形回复到正常的状态，即选择合适的拉拔夹具配合链条、拉塔或者分离式千斤顶进行拉拔修复作业，如图 3-76 所示，拉拔结束后继续使用测量头测量修复后的效果。

2）拆装作业。对于无法通过拉拔校正作业修复的受损部位，应该使用等离子切割机切割损伤部件，再将原厂配件安装在该测量头上，通过焊接方式完成修复，如图 3-77 所示。

3）调整作业：受损部位拉伸恢复到正常状态。

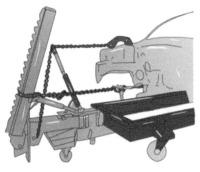

拉拔校正及替换
减振器支架

图 3-76 拉拔校正

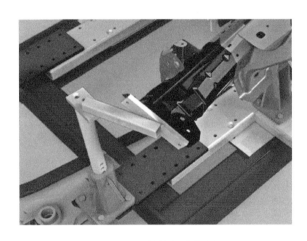

拉拔校正及替换
前纵梁前端

图 3-77 替换损伤部件

2. 框架式车身校正仪操作中的安全防护

1）严格按照设备的说明书进行操作。

2）设备操作人员必须接受正式培训，并熟知各项安全技术操作流程，通过考核的人员才可上岗操作。

3）作业前必须做好个人防护，整个操作过程不得伤及人、财、物。

4）必须遵守各项注意标识及相关符号。

5）检查拉拔链条，不可有裂痕或松脱的状况。

6）检查夹具螺钉是否紧固，夹具应保持清洁，不可残留车身胶或防锈漆。

7）检查气动液压泵的储油量是否合乎标准（储油量占储油盒 70% 以上）。

8）试验气动液压泵的供气压力是否充足。

9）检查车身固定是否牢靠。使用原厂夹具可以获得最佳效果。

10）保证维修工位有足够拉拔空间，危险区域要有明显警示标识。

11）操作人员必须在安全位置工作，绝对不可以站在拉拔方向的正前方，以防夹具脱落造成伤害。

任务实施

（一）作业准备

1. 设备器材

多媒体设备、双柱举升机、平台式车身校正仪、专用模具式车身校正仪、车型专属模具、汽车拉拔夹具、滑车、安全钢索、气动冲击扳手、冲击套筒组、手动工具组套等。

2. 个人防护工具

工作服、安全鞋、安全帽、耳塞、棉纱手套、护目镜等。

3. 场地设施

理实一体化教室、汽车钣金实操实训室。

4. 耗材

擦拭纸等。

（二）工作计划

1）将学生分为四组在理实一体化教室，通过传授法、分组讨论法、视频观摩法等方法认识和学习现在市场上流通的车身校正设备的种类及其样式。

2）将学生四人分为一组在汽车钣金实操实训室中，通过老师的指导操作进行汽车本身校正设备的安全操作并对损伤车身进行简单的拉伸。

（三）实施工作

1. 准备安全工作着装

2. 框架式车身校正仪的使用

（1）图样的选择

根据事故车的品牌、车型选择该车的专属测量模具。

（2）确定汽车维修状态

1）若车身损坏较轻则无需_____。

2）若车身撞击严重，则需要_____。

（3）车辆在上架校正前，先要将影响车身校正的车身覆盖件及_____等拆卸下来。

（4）摆放定位横梁、基座

（5）上架定位

1）上架作业时最少以_____基准点上架定位。

2）以基准点上架定位后，必须使用_____固定车辆。

（6）安装测量头测量变形点

（7）拉拔校正及更换损坏部件

（8）拉拔校正完毕，整理工位，6S 管理

任务练习

1. 判断题

1）车身校正仪是通过液压力进行车身修复的。 （　　）

2）在校正时，一般应在车身底部的四个位置进行固定。 （　　）

3）平台式车身校正仪可在任意高度进行拉伸。 （　　）

4）主夹具夹持车身的纵梁，将其固定在平台上。 （　　）

5）校正时要用最少量的拉伸来修复损坏部件的变形，并且不会造成进一步的车身结构损伤。 （　　）

6）车身校正前需要拆除一些妨碍车身校正操作的车身覆盖件和机械部件。 （　　）

7）在校正时，通过塔柱来监控整个校正过程。 （　　）

2. 单选题

1）使用框架式车身校正仪进行车身校正时，需要在车身上至少挑出（　　）个未发生变形的点作为基准点。

  A. 3   B. 4

  C. 5   D. 6

2）对中立柱进行拉伸时使用（　　）。

  A. 钢丝绳

  B. 尼龙带

  C. 拉拔链条

  D. 只要能够夹紧的夹具即可

3）在使用平台式车身校正仪时，将车辆移至校正平台后，还需要进行基准点确定的测量系统为（　　）。

  A. 超声波测量系统

  B. 半自动电子测量系统

  C. 机械测量系统

  D. 以上都需要

4）不是拉拔作业中安全防护注意事项的是（　　）。

  A. 实行牵拉、保持牵拉、再牵拉、再保持

  B. 拉拔前检查链条是否有裂纹或其他安全隐患

  C. 拉拔链条钩挂安全钢索

  D. 拉拔时不站在拉拔方向正面

5）事故车作业拉伸时，塔柱链条不要怎样处理？（　　）

  A. 所有链节呈一条线

  B. 链条在塔柱顶杆锁紧窝锁紧

  C. 链条尾部拴在导向环手轮上

  D. 要使用规定的链条

任务评价

评价指标			学生自评 （30%）	小组互评 （30%）	教师评价 （40%）
素质评价 （20%）	劳动态度（4分）				
	工作纪律（4分）				
	安全操作（4分）				
	环境保护（4分）				
	团队协作（4分）				
技能评价 （80%）	工具使用（10分）				
	任务方案（10分）				
	实施步骤 （40分）	准备安全工作着装			
		图样选择			
		确定汽车维修状态			
		附件拆除			
		安装基座横梁			
		拉拔校正			
		完工检查，6S管理			
	完成结果 （10分）				
	作业完成 （10分）				
本次得分					
最终得分					

教师签名：_____

日期：_____年____月____日

项目四 车身校正作业流程

　　对于现代汽车车身，精准的整体定位参数对汽车的使用性和安全性有着十分重要的意义。汽车受到严重撞击后，车身覆盖件和结构件都会发生变形，对损坏的部件必须进行修复或更换。车身覆盖件的损坏可以通过手工修复或者使用外形修复机拉拔修复，但是如果用这类简单的维修工艺对车身结构件进行修复，很难保证车身校正的精度和维修质量。由于车身结构件的强度和刚度很高，对于这部分的修复，需要借助车身校正设备，拉拔或者顶压的方向与碰撞力的方向正好相反。

任务一
损伤形式及损伤校正作业

 任务目标

知识目标	1. 能说出汽车车身拉拔作业的基础。
	2. 能掌握车身侧面损伤校正作业技巧。
能力目标	能够根据所学的知识进行车身侧面损伤校正作业。

 知识准备

一、拉拔作业基础

车身板件的损伤不只出现在撞击方向，随着力的传递，还会出现其他方向的损伤。因此，只施加一个相反于撞击方向的力量做简易拉拔是无法将拉拔力量有效地传送至所有受损部位的。为了将拉拔力量传送至所有受损部位，必须在车身上施加多方向的拉拔力量。

拉拔作业的基础是必须依据目测结果和实际尺寸测量结果，决定拉拔方向和夹具安装位置。在车身校正中，维修人员必须了解如何将拉拔力量施加至车身板件上。

（一）单杆变形修正

1）要拉直弯曲的杆，必须将杆的两端向外拉。当拉拔点和接头中心点有偏离时，若在杆的两端施加向外拉拔的力量，则在接头上会产生一个力矩。力矩作用在接头和两端拉拔点，将使接头被拉直，如图 4-1 所示。

2）当杆往复原方向移动后，偏离率会减小，力矩随之变小，如图 4-2 所示。此时，为了使杆恢复至原状，作用在两端拉拔点的拉力必须增加。

3）如图 4-2 所示，施加作用力 F_0 直接将接头向内推，可帮助产生力矩并使杆的两端向

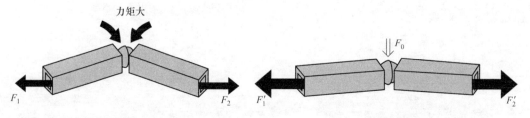

图 4-1　在杆的两端施加向外拉拔的力量　　　　图 4-2　杆往复原方向移动

外延伸，且只需在杆两端施加较小的拉力即可将杆修正。

4）在实际拉拔作业中，通常使用多点拉拔的方式。

（二）多杆变形修正

1）图4-3所示平面由三个杆所组成，其中两个杆已受损，另外一个杆则未受损。这种情况比单杆受损复杂得多，且较难决定有效的拉拔方向。

2）对三个杆分别单独进行分析，以辨识各杆所需的拉拔方向，如图4-4所示。

3）将分解的三个杆再组合成平面，如图4-5所示，向右和向下的拉力可由墙面的固定点来替代。

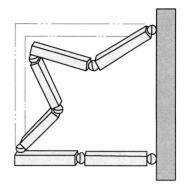

图4-3　多杆变形

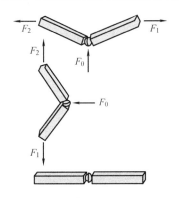

图4-4　辨识各杆所需的拉拔方向

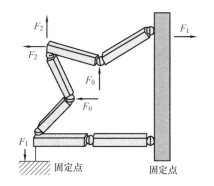

图4-5　多杆变形修正

二、车身侧面损伤校正作业

（一）目视检查

1. 目视检查整个车身

如图4-6所示，车身右侧遭受严重损伤，撞击中心点位于车身B立柱和车门槛板的接合部位，此部位损伤最为严重。车身B立柱由于受力而被向内推，一般认为车顶会被顶高，但是实际上车顶并无明显的变形。右侧的轴距比标准尺寸短了2mm，因此可以假定后翼子板已被拉向内侧。

图4-6　目视检查整个车身

2. 目视检查受损部件

举升车辆，检查车身各部件的受损情况。如图 4-7 所示，车身地板侧梁内侧下端损坏的程度比上端小，且并未见到车身地板有大的损伤。在车身 B 立柱上端和车顶的接合处，有漆面龟裂和塑性变形，因此可判定发生了扭曲变形。

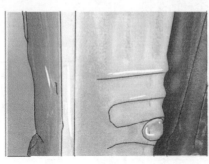 

车门槛板内板下端　　　　　　　　　　　　　　　　　　车身B立柱上端

图 4-7　目视检查受损部件

（二）测量尺寸

拆下座椅、地毯和内饰板，然后测量车门开口部位和客舱内左右方向的尺寸，如图 4-8 所示，将测量尺寸与车身尺寸图上的标准尺寸做比较。测得后悬架支架上端尺寸正常，因此判定损伤并未波及左、右支架上端的标准孔。接着使用轨道式量规分别以左、右标准孔为中心，并以相同的半径在车身地板上做中心记号，如图 4-9 所示，此记号即为车身的中心点。对于车身尺寸图上未注明的相关尺寸，可用这个中心点来测量左、右两侧的尺寸差。

 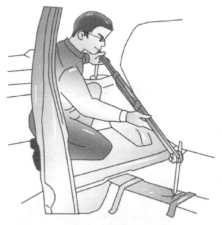

图 4-8　车门开口部位的尺寸测量　　　　　　　　　图 4-9　做中心记号

尺寸的测量结果如图 4-10 所示，车身 B 立柱上端后侧测量点的尺寸为 90mm，而车身 B 立柱上端前侧则为 86mm，由此结果即可确认车身 B 立柱上端的扭曲情况。测量左、右侧车门铰链至后翼子板标准点（可选择任何一点）的尺寸，发现受损侧的尺寸短 4mm，因此可判定后翼子板已向内移位。车门槛板前后方向的尺寸也缩短了 3mm。

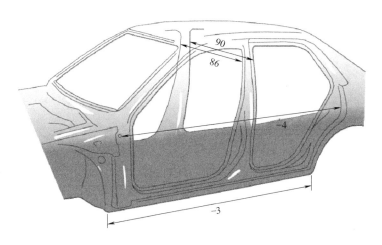

图 4-10 测量结果

（三）拉拔作业

1. 车身地板侧梁内侧的初步校正

侧面受损车身部件的初步校正方法会因损伤程度的不同而有所差异，但是都应同时实施前、后方向和侧面方向的拉拔。在初步校正的拉拔作业中，首先应考虑将刚度最强的车身地板侧梁内侧校正回位，再校正车身 B 立柱的上端和下端。在有条件的情况下，依照刚度强弱的顺序实施校正，可简化复杂的校正工作并能提高效率。

将夹具安装至车身地板侧梁内侧上方的数个部位，同时，可使用扣钩式夹具从车内实施推出作业，然后使用液压缸推开前、后的底盘夹具，以辅助拉出作业，如图 4-11 所示。

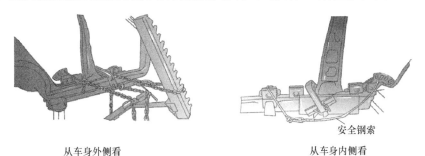

从车身外侧看　　　　　　　　　　　　安全钢索

从车身内侧看

图 4-11 车身地板侧梁内侧的初步校正

2. 车门槛板和车身 B 立柱的初步校正

修正向内侧移位的车身 B 立柱外板和加强板要在车身 B 立柱安装两个夹具，然后同时对这些夹具实施拉拔作业。拉拔车身 B 立柱底部（车门槛板处）时，必须同时确认车身 B 立柱及其周边部位的拉出状况，拉拔量可由液压缸和链条的相对位置来确认。

安装特殊外形夹具或改装过的夹具（安装于车门铰链安装孔）来实施拉拔作业时，必须同时拉拔车身 B 立柱外板和加强板。如果仅拉出焊接在外板上的钢板片，则无法有效地修理加强板，如图 4-12 所示。

在夹具间放置一根铁棒，以同时对这些夹具实施拉拔作业（类似于垫圈熔植作业），如

图 4-13 所示。在实施车身 B 立柱拉拔时，应注意不能让车顶变形。

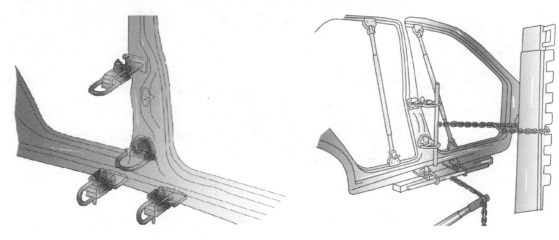

图 4-12 安装特殊外形夹具或改装过的夹具　　　　图 4-13 放置铁棒

如果车身 B 立柱和车门槛板受到严重损伤，则必须先实施车身 B 立柱和车门槛板的初步校正拉拔作业，再实施车身地板侧梁内侧的初步校正拉拔作业，以抑制车顶在校正时产生变形，先释放因变形而产生的束缚力。

（四）更换新零件和最终校正

切开车身 B 立柱外板上端和车门槛板外板的接合部位后拆下需更换的零件，将新零件和车辆侧预留的 10~20mm 的部位重叠后，再次切割，然后使用固定钳暂时安装新零件。因为在拉拔作业中难以完全消除车顶钢板和车身 B 立柱接合部位的应力，因此在切开车身 B 立柱后，车顶会有向内倾斜的趋势。在暂时安装新零件并调整至正确位置时，残留在车身 B 立柱上端的倾斜和扭曲情形即可明显地看出。因此，为了使新零件能正确安装，必须实施车身 B 立柱上端的校正，如图 4-14 所示。

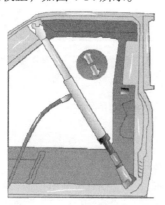

图 4-14 更换新零件和最终校正

（五）校正后的检查

所有的校正操作完成后，应及时对车身进行校正后的检查，避免出现遗漏、校正错误和未校正到位的情况。

检查项目有以下几点：

1）检查车门与门槛之间的间隙，应该是一条又直又窄的缝隙，如图 4-15 所示。

2）检查车身上部的平整度，应无高低不平的现象。

3）开、关车门，开、关发动机舱盖和行李舱盖，应松紧适当，开关操作平稳、轻松。

检查完毕之后，可在校正平台上将校正前被拆下的部件按照要求重新装配到车上，然后再将车辆从校正平台上移下来。

图 4-15　校正后的检查

 任务实施

（一）作业准备

1. 设备器材

汽车车身电子测量系统、车型专属模具、车身校正仪、拉拔夹具、分离式千斤顶、气动冲击扳手等。

2. 个人防护工具

工作服、安全鞋、安全帽、棉纱手套。

3. 场地设施

汽车钣金实操实训场地。

（二）工作计划

每四个学生分为一组，分别练习以汽车车身电子测量系统维修模式和车型专属模具维修模式对汽车车身地板侧梁内侧、车门槛板和车身 B 立柱进行测量与校正。

（三）实施工作

1. 准备安全工作着装

2. 工作步骤

（1）选择测量模式

分组：一组使用电子测量系统，另一组使用车型专属模具。

（2）准备测量工具

准备工具：＿＿＿＿＿＿＿＿＿＿＿＿＿＿＿＿＿＿＿＿＿＿＿＿＿＿

（3）车身地板侧梁内侧的初步校正

侧面受损车辆的基本校正方法，须同时实施受损部位的前、后方向和侧面方向的拉拔：＿＿＿＿＿＿＿＿。

（4）车门槛板和车身 B 立柱的初步校正

拉拔车身 B 立柱底部（车门槛板处）时，必须同时确认车身 B 立柱及其周边部位的拉出状况，拉拔量可由＿＿＿＿＿＿＿和＿＿＿＿＿＿的相对位置来确认。

（5）更换新零件和最终校正

新零件安全余旧件预留重叠的部分是＿＿＿＿＿＿。

（6）校正后的检查

检查完毕之后，可在校正平台上将校正前被拆下的部件按照要求重新装配到车上，然后再将车辆从校正平台上移下来。

（7）拉拔完毕，整理工位，6S 管理

任务练习

1. 判断题

1）如果车身中部发生碰撞，则要对中部进行整修，直到中部四个基准点有三个点的尺寸恢复了，才可以进行下一步的测量。 （　　）

2）车身校正工作的好坏直接影响到汽车的安全性。 （　　）

3）不适当的车身和车架校正技术，是车身结构不能恢复到原来尺寸的主要原因。（　　）

4）车身所有板件的变形，都可以按输入力相反的方向拉伸。 （　　）

5）校正拉伸时，要同时在损坏区域不同的点上施加拉力。 （　　）

6）所有类型的车身校正仪都可以对整体式车身进行修复。 （　　）

2. 单选题

1）下面不是确定车架变形的方法的是（　　）。

　　A. 车门槛板与车架前后之间的空间尺寸

　　B. 检查前翼子板与轮罩前后之间的空间尺寸

　　C. 检查保险杠上的后孔到前车架横梁之间左右尺寸

　　D. 检查车门缝隙

2）车身在发生碰撞时，不容易观察到变形的部位有（　　）。

　　A. 前车身 A 立柱部位　　　　　　　　　　　　　B. 电阻点焊焊点部位

C. 板件接缝处　　　　　　　　　D. 部件的棱角部位

3）下面叙述正确的有（　　）。

A. 对角线测量正确，那么就没有变形

B. 测量要先从车身中部开始

C. 所有的尺寸都要用三维测量的方法进行测量

D. 以上三种说法都对

4）对于比较复杂的车身损坏检查，需要使用（　　）。

A. 轨道式量规　　　　　　　　　B. 定心量规

C. 三维测量系统　　　　　　　　D. 钢卷尺

 任务评价

评 价 指 标			学生自评（30%）	小组互评（30%）	教师评价（40%）
素质评价（20%）	劳动态度（4分）				
	工作纪律（4分）				
	安全操作（4分）				
	环境保护（4分）				
	团队协作（4分）				
技能评价（80%）	工具使用（10分）				
	任务方案（10分）				
	实施步骤（40分）	准备安全工作着装			
		车身地板侧梁内侧的校正			
		车门槛板和车身B立柱的校正			
		更换新零件和最终校正			
		校正后的检查			
		完工检查，6S管理			
	完成结果（10分）				
	作业完成（10分）				
本次得分					
最终得分					

教师签名：＿＿＿＿＿＿＿＿＿＿＿＿

日期：＿＿＿＿年＿＿月＿＿日

任务二

车身校正维修

 任务目标

知识目标	1. 能说出车身校正的重要性。
	2. 能描述车身校正的基本原则。
	3. 能描述车身校正维修的基本方法。
能力目标	能够正确制订车身校正维修作业计划，正确诊断及校正损伤车身。

 知识准备

一、车身校正的重要性

当前，绝大部分汽车的车身都是承载式车身，承载式车身最为显著的特点是薄壁结构。薄壁结构的车身如果发生变形，特别是严重变形时，用简单的作业是无法将其修复的，必须要用一定的车身校正设备才能将车身修复到原尺寸要求。在整个维修过程中，车身校正是车身修理极为重要的工序。

车身校正的重点是精确地恢复车身的各项技术指标，保证车身的各项功能，使汽车的发动机、悬架、转向系统等都能正常工作，如果这些部件安装点的尺寸没有校正到原厂车身尺寸，那么就会影响车辆的性能。

车身受到碰撞后，特别是车身结构件发生变形后，如果只是简单修理，未进行车身校正往往会出现轮胎异常磨损、跑偏、异响等故障。车身校正工作的好坏直接影响到汽车的安全性、维修时间及整车的维修质量。

二、车身校正的基本原则

校正受损车身的基本原则是按与碰撞力相反的方向进行拉伸或者顶压，如图 4-16 所示。在碰撞区施加拉力进行校正的方法仅适用于碰撞力很小，损伤形式比较简单的情况。若发生剧烈碰撞，出现折皱损伤，部件变形比较复杂时，只在碰撞力相反的方向施加拉力是无法使其复原的，在拉伸校正过程中，拉伸力的大小和方向需要适时改变。

如果车辆受撞击，则施加于车辆上的力量为 F_3，分力为 F_1 和 F_2。这样可以很清楚地知道力量是朝后方且向左的方向作用于车辆。实施修理工作时，理想的拉拔方向是依据现在车辆的位置和参考点的合适位置结合而成的方向。然而，从校正过程的开始至结束，理想的拉拔方向并非是保持不变的，如图 4-17 所示。

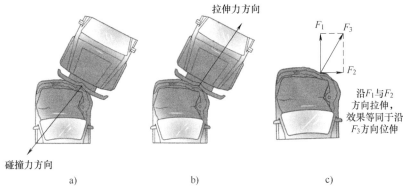

图 4-16　车身校正的基本原则

车身校正的基本原则

反向拉伸

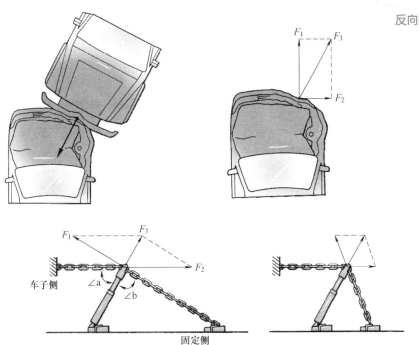

图 4-17　维修作业——反向测量

三、车身校正

损伤部位：前侧梁（高度受损），如图 4-18 所示。

损伤状况：A 点高度 –15mm，B 点高度 +20mm，C 点高度未损伤。

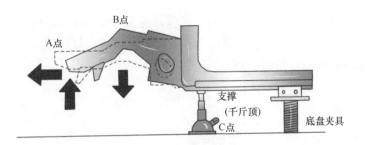

图 4-18　前侧梁（高度受损）

将辅助固定装置安装至未损伤的 C 点处：

1）因为千斤顶可以吸收向下的拉力。所以作用于底盘夹具的应力会逐渐减小，这样可以防止二次损伤。

2）因为拉力集中在损伤部位上，所以可以改善校正工作的效率。

3）C 点可以保持未损伤的状况。

如果没有固定 C 点，却想要校正车身：

如图 4-19 所示，校正时，拉力（造成钢板变形之力）会作用至车身钢板并到达底盘夹具部位，而且此拉力会逐渐减小。结果，二次损伤会发生在未损伤部位和底盘夹具部位。

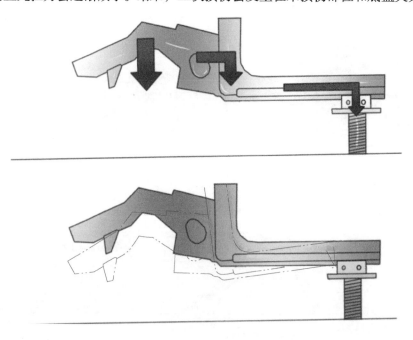

图 4-19　没有固定 C 点直接校正车身

四、车身诊断与校正

车身诊断与校正主要是在车身校正平台上，通过电子测量设备或专用模具精准地测量出车身损伤及变形的程度，在保证不破坏整体结构、性能及车貌的前提下校正及修复受损的车身。

电子测量系统以汽车制造厂家的标准车身尺寸电子数据为基准，将测量得到的事故车辆尺寸数据进行比对和检测，指导维修作业，确保售后维修的车辆符合厂家的相关要求。CAR-O-LINER 电子测量系统（图 4-20）主要是由测量长尺（测量桥 / 梯）、带测量头和套筒的测量滑尺、PC 机、机柜以及充电器等组成，如图 4-21 所示。

图 4-20　CAR-O-LINER 电子测量系统

测量长尺

机柜+PC机

测量滑尺

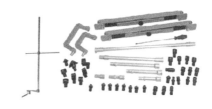

高度尺+测量套筒+测量探头

充电器

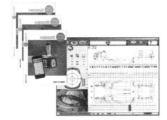

CAR-O-SOFT 电子测量软件

图 4-21　CAR-O-LINER 电子测量系统组成

下面讲述一下 CAR-O-LINER 电子测量系统的具体操作流程：

1）将车身固定在车身校正平台之上，确保底座支架和底座夹具卡紧，最小扭矩为 120N·m。

2）将测量长尺固定在平台上，注意将带有箭头标记的一端对准车头，如图 4-22 所示。

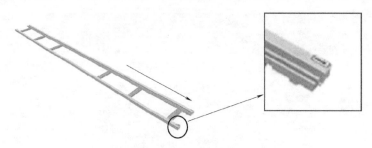

图 4-22　放置测量长尺

3）使用测量长尺固定器，将测量长尺固定到校正平台上，如图 4-23 所示。确保长尺固定器与校正平台表面应平整接触，防止出现一端翘起的情况。

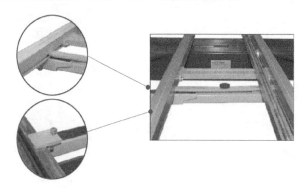

图 4-23　固定测量长尺

4）在打开 CAR-O-SOFT VISION 电子测量系统前，必须现将蓝牙插入 USB 接口，同时将测量滑尺电池插入测量滑尺电池舱中。

5）打开 CAR-O-SOFT VISION 电子测量系统软件。

6）将测量滑尺推入长尺的正确位置，如图 4-24 所示。注意在将滑尺放置在长尺上时，用左手抓住测量滑尺的外臂，用右手抓住中心臂。

图 4-24　安装测量滑尺

7）转动锁定手柄90°以打开测量滑尺臂，如图4-25所示。

8）通过按下测量滑尺上的靶心键按钮来启动测量滑尺，如图4-26所示。一旦测量滑尺被启动，LED亮起显示滑尺被激活，在使用前必须将测量滑尺归零。如果测量滑尺未归零，计算机屏上将显示重置符号。

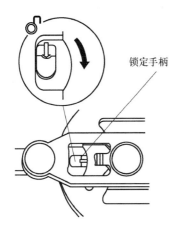

图4-25　转动锁定手柄打开测量滑尺臂　　　　图4-26　启动测量滑尺

9）根据下图4-27的程序，移动测量滑尺，使滑尺的每个角度、关节活动，设置零位。根据长度比例做出特殊的方向标指明测量测量臂的方向。

图4-27　激活测量滑尺

当测量滑尺归零，屏幕显示如4-28所示的图片。当测量滑尺归零设置正确，绿色记号将显示在所有方框内。

10）新建工单。如图4-29所示为CAR-O-SOFT VISION主菜单。

① 单击CAR-O-SOFT VISION主菜单中的"工单"图标3，以打开"工单"菜单。

② 单击"New Workorder新工作单"按钮。

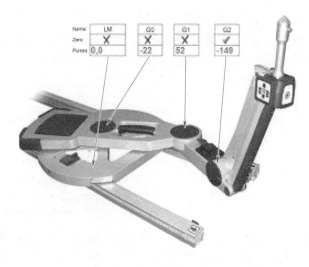

图 4-28　测量滑尺归零完成

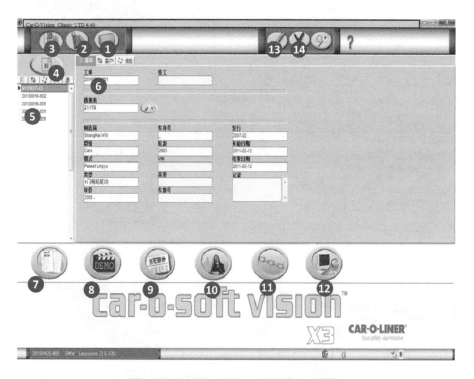

图 4-29　CAR-O-SOFT VISION 主菜单

1—打印　2—中心线 & 测量　3—工单　4—新建工单　5—工单列表
6—工单号　7—数据索引　8—演示　9—新闻　10—支持　11—连接
12—系统功能　13—确认工单号　14—取消建立工单

③ 使用键盘填写工单编号，在操作中工单号填写栏会自动出现以日期为名称的编号。实际维修时，可以以事故车派工单的编号作为该工单的编号。

④ 确认工单号并进入车型数据库。

11）车型数据选择：

① 在窗口的左边选择品牌。单击品牌左边的"+"符号以浏览其子文件夹，并在其子文件夹中选择对应的车型。

② 选定车型后，信息中心将自动显示车辆照片。信息中心还将显示夹具的安装、所需平台和测量配件信息。检查该列表中的信息和其他信息。信息表包含与车辆有关的某些特殊信息，如图 4-30 所示，并且根据信息提示，选择正确的工具对车身进行固定和测量，同时选择正确的夹具固定位置。

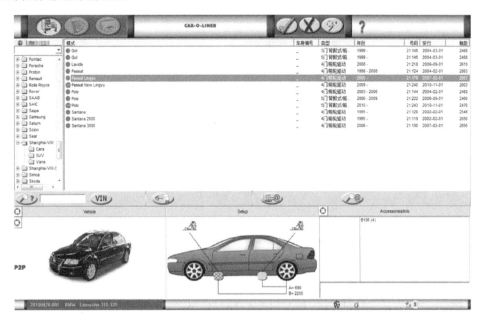

图 4-30　车型数据选择（车辆模式）

③ 点击"OK"按钮以确认数据表选项。

④ 输入 Technician（技师）姓名，黄色区域为可填写区域。

⑤ 单击 Customer（顾客）并填写客户表或者从表格左边选择一个客户表。黄色区域为可填写区域。

⑥ 单击 Insurance（确定）并填写表格或从左边列表中选择一个以前使用过的保险公司。黄色区域为可填写区域。

⑦ 点击"OK"按钮。

12）建立中心线：

① 根据车辆实际情况选择发动机的拆装状态，如图 4-31 所示，单击"OK"按钮，开始进入车辆测量的界面。

② 当标定车辆中心线、选择测量点时，应注意以下事项：

▲选择测量点时，尽量选择车身上未受损的点。

▲选择测量点时，尽量选择数据表中存在的点。

▲标定中心线的测量点尽量选择驾乘区域内的点，这个区域最为坚固，不易发生变形损伤。

▲为了保证中心线的质量，选择尽可能多的参照点（进行常规标定中心线需要 3~5 个点，如图 4-32 所示。）

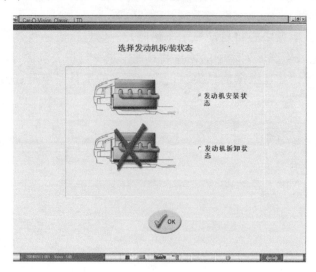

图 4-31　选择发动机状态

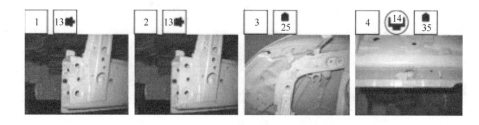

图 4-32　中心线标定选择的测量点

▲尽可能选择相互远离的测量点：长度方向，尽量不小于车辆最长的 50%；宽度方向，尽量不小于 1000mm。

▲左右两侧的测量点可以对称或者不对称，比如：左侧元宝梁没有发生变形，而右侧元宝梁发生变形，就不能对右侧元宝梁进行测量，应该选择其他未发生变形的点进行测量。

▲中心线（一般为四个测量点）从任何一个方向开始当作第一个测量点都可以，比如：右前的某一个螺钉、左后的某一个螺钉等。

▲选择中心线四个测量点的第一个测量点时，请注意显示器的光标位置，在测量第一个测量点时，光标的位置都不会和显示器所显示的底盘数据点相重合，但测量第二个和第三还有第四个测量点时就会重合在一起，说明在选择第一个测量点时是按照初始选择的测量点来进行测量的，反之错误。

▲当开始确定中心线时，需要在第一个测量点，单击鼠标进行查找，第二和第三以及第四个测量点不用再去移动和单击鼠标，后三个测量点可以通过显示器的光标走向来判断这个数据与实际测量点是否相符合。

③ 判断底盘受损位置。通过汽车车身实际损伤来判断底盘的受损位置，以此来选择第

一个中心线测量点。

　　▲根据标定中心线的质量要求，选择第一个中心线测量点，并按显示屏提示选择合适的测量套筒和对应螺钉或螺孔的测量头装在测量滑尺上，插入测量点对应的测量孔后。按动滑尺上的靶心键或单击界面的靶心按钮进行测量，如图 4-33 所示，注意此时显示屏的光标位置。

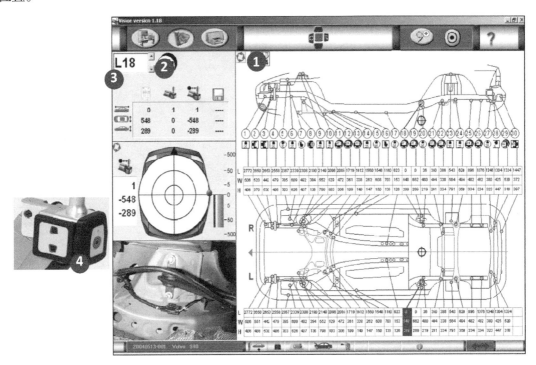

图 4-33　中心线测量点测量

1—待测中心线测量点的数量　2—当前测量点所需要使用的测量头
3—当前测量点（Lift、Right）　4—靶心按钮

　　▲开始测量第二个中心线测量点，查看显示器的光标是否和显示器所显示的底盘数据点相重合，如果重合则可以继续测量，但如果不重合说明第一个测量点选择时与实际测量点不符。

　　▲开始测量第三个以及第四个中心线测量点，测量的同时要观察显示器的光标是否和显示器所显示的底盘数据点相重合。

　　▲中心线测量完成完成后，需要测量第五个测量点，电子测量系统将会自动计算测量精度，并给出测量结果，如图 4-34 所示。

　　13）损伤诊断以及校正修复：

　　① 当测量完中心线并确定测量结果评价图标为绿色，便可以进行测量汽车底盘及车身受损部位。

　　② 根据车身底盘变形的部位，根据显示屏提示选择合适的测量套筒和对应螺钉或螺孔的测量头装在测量滑尺上，并将测量头插入测量位置上进行损伤测量，以此得出事故车的变形数据，完成碰撞损伤诊断。

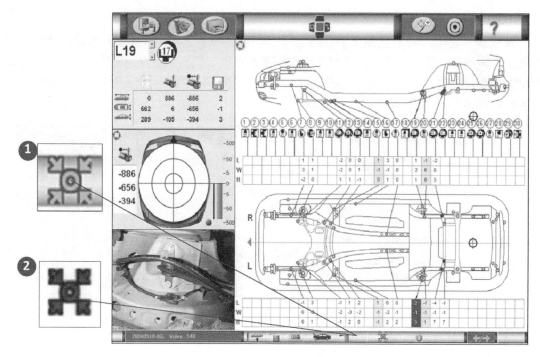

图 4-34　中心线测量结果评价

1—表示中心线测量成功：测量成功后，会自动进入到测量界面　2—中心线测量失败

③ 碰撞损伤诊断完成后，将"修复前测量记录"图标转换成"修复后测量记录"图标，如图 4-35 所示，然后进入修复工序。点击屏幕底部状态栏的图标即可完成转换。

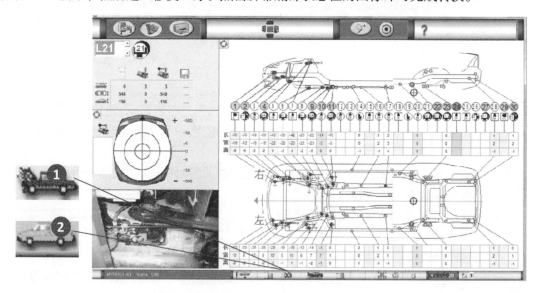

图 4-35　转换图标

1—修复前测量记录　2—修复后测量记录

④ 依据事故车"由未受损区域向受损区域、由已修复区域向受损区域、由中间向外侧、

由低向高"的原则，制订维修方案。

⑤拉伸修复：使用拉塔配合链条等夹具固定住损伤部位进行拉伸，如图 4-36 所示，拉伸作业时，1 点（蓝色圆点）和 2 点（蓝色柱条）会随着测量点的变化而变化，修复完成后，蓝色圆点在靶心位置，蓝色柱条消失，如图 4-37 所示。

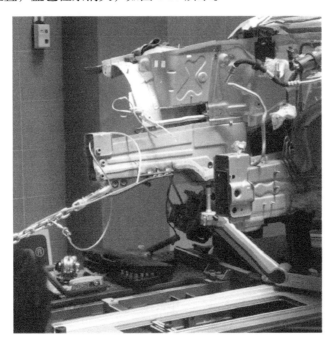

图 4-36　拉伸作业

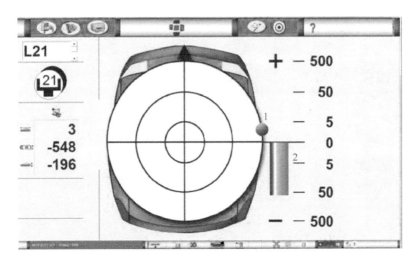

图 4-37　实时监控

14）数据打印：

①单击打印按钮，进入打印界面，如图 4-38 所示。

②测量数据打印输出，如图 4-39 所示。

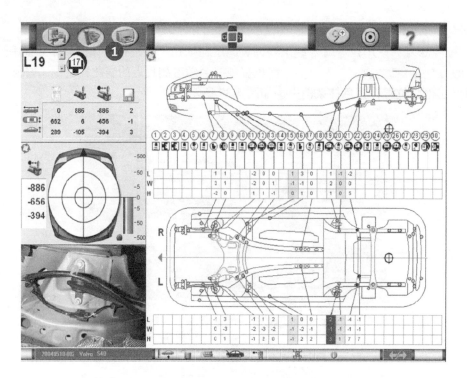

图 4-38　单击打印按钮

1—打印按钮

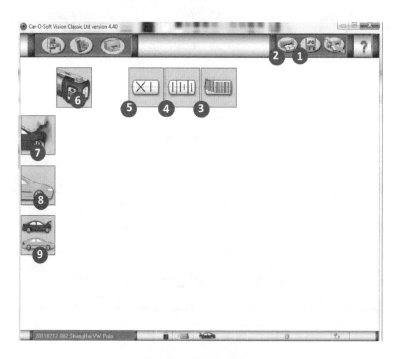

图 4-39　数据打印输出

1—以 JPG 格式存储　2—打印　3—矢量图打印　4—相对测量结果打印

5—绝对测量结果打印　6—底盘测量结果打印　7—车辆修复前测量结果打印

8—车辆修复后测量结果打印　9—车辆修复前/测量结果同时打印

任务实施

（一）作业准备

1. 设备器材

实训车架（整体式车身）、电子测量设备、车身校正平台、气动切割锯、钣金手工具组等工具设备。

2. 个人防护工具

工作服、工作帽、安全鞋、棉手套等。

3. 场地设施

汽车钣金实操实训室。

4. 耗材

擦拭纸。

（二）工作计划

将学生分为四组在实操实训室，使用电子测量设备以及车身校正平台对整体式车身进行实操演练。

（三）实施工作

1. 准备安全工作着装

2. 教具车辆准备

（1）准备测量工具

准备工具：_____

（2）固定车身

将车身固定在车身校正平台之上，确保底座支架和底座夹具卡紧。

（3）固定测量系统

将测量装置移动到汽车底盘底下，将滑轨前部_____的方向放于车身的_____。

（4）测量系统校准

（5）打开电脑系统

（6）选择车身型数据

（7）选择基准点测量

一般车身的_____和_____点位不能当作测量校正基准点。

（8）工单保存

单击"_____"图标，进入"_____"界面，_____，包括车辆信息及车主信息，然后保存。

（9）测量完毕，整理工位，6S 管理

 任务练习

1. 判断题

1）在车身前纵梁上有预应力区设计，在碰撞时折曲并吸收冲击能量。　　　　（　　）

2）车身校正工作的好坏直接影响到汽车的安全性。　　　　（　　）

3）当碰撞程度相同时，整体式车身的损坏要比车架式车身的损坏小。　　　　（　　）

4）整体式汽车发生碰撞时，除了碰撞点的损伤外，离碰撞点很远的部位也会有损伤。
　　　　（　　）

5）新型汽车的纵梁前部会有用螺栓固定的保险杠支撑件，在剧烈碰撞中吸收能量，可以快速更换。　　　　（　　）

6）如果汽车后部发生严重碰撞，中立柱一般不会变形。　　　　（　　）

7）超声波电子测量系统可以实时测量出测量点的数据。　　　　（　　）

8）如果车身中部发生碰撞，则要对中部进行整修，直到中部四个基准点有三个点的尺寸恢复了，才可以进行下一步的测量。　　　　（　　）

2. 单选题

1）校正时，二次损伤会发生在未损伤部位和（　　　）。

　　A. 校正部位　　　　　　　　　　　B. 底盘夹具部分

　　C. 拉拔夹具部位　　　　　　　　　D. 以上三个都是正确的

2）从校正过程的开始至结束，理想的拉拔方向是（　　　）。

　　A. 保持不变　　　　　　　　　　　B. 不断变化

　　C. 开始不变后面变化　　　　　　　D. 开始变化后面不变

3）汽车发生翻滚后，一般会造成车身上某些部件的损伤，下面不是这些部件的是（　　　）。

　　A. 中立柱　　　　B. 纵梁　　　　C. 挡泥板　　　　D. 车顶板

4）下面不是车身测量点的是（　　　）。

　　A. 螺栓　　　　　　　　　　　　　B. 车身上的圆孔、方孔或椭圆孔

　　C. 焊接裙边搭接缝隙　　　　　　　D. 所有的孔

 任务评价

评 价 指 标		学生自评（30%）	小组互评（30%）	教师评价（40%）
素质评价（20%）	劳动态度（4分）			
	工作纪律（4分）			
	安全操作（4分）			
	环境保护（4分）			
	团队协作（4分）			

（续）

评　价　指　标			学生自评 （30%）	小组互评 （30%）	教师评价 （40%）
技能评价 （80%）	工具使用（10分）				
	任务方案（10分）				
	实施步骤 （40分）	准备安全工作着装			
		车辆教具准备			
		车辆上架			
		测量系统校准			
		基准点选择测量			
		保存数据			
		完工检查，6S 管理			
	完成结果 （10分）				
	作业完成 （10分）				
本次得分					
最终得分					

教师签名：_____

日期：_____年___月___日

项目五　竣工安全性质量检查

　　进行车身校正后的车辆，交付给客户之前，必须经过一系列安全性检查，以保障损伤车在维修后恢复原厂的技术要求，同时保障了汽车行驶安全性、操纵的稳定性等。

　　汽车安全性检查分为车体外部检查、车体内部检查、汽车可拆卸组件功能性检查。汽车外部检查主要是焊接效果、防腐效果、装配间隙、车身外表弧度、车身框架及底部尺寸、组装零件螺栓（钉）扭矩、清洁度等；汽车内部检查主要是检查内饰装配效果、清洁效果等；汽车拆卸组件功能检查主要是检查前照灯、车窗、车门等。

任务一

外观检查常用工具设备介绍

 任务目标

知识目标	能正确描述汽车内外观检查常用工具设备的类型、功用和使用方法。
能力目标	会使用汽车内外观检查工具设备。

 知识准备

　　汽车车身经维修后必须保证恢复原厂的技术要求，应参考碰撞维修规则，借助各种工具设备对维修效果进行全方位的检查，在检查作业中，操作人员必须佩戴相应的安全防护用具，以保障自身的安全。

一、焊接检测尺

　　焊接检测尺用于检测焊件的坡口角度，焊缝的高度、宽度以及焊接间隙、咬边深度，其由主尺、高度尺、咬边深度尺和锁紧装置等组成，如图 5-1 所示。

1. 测量平面焊缝高度

　　首先把咬边深度尺对准零位，并紧固螺钉，然后滑动高度尺与焊点接触，高度尺的示值即为焊缝高度，如图 5-2 所示。

2. 测量角焊缝高度

　　将焊接检测尺靠紧焊件和焊缝，滑动高度尺与焊件的另一边接触，高度尺的示值即为角焊缝高度，如图 5-3 所示。

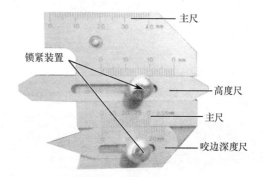

图 5-1　焊接检测尺

二、游标卡尺

　　游标卡尺是一种常用的量具，如图 5-4 所示，其具有结构简单、使用方便、精度中等和测量的尺寸范围大等特点，可以用来测量零件的外径、内径、长度、宽度、厚度、深度和孔距等，应用范围广泛。

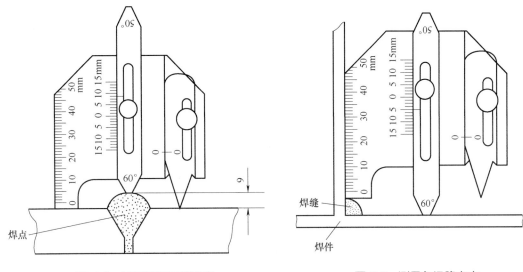

图 5-2　测量平面焊缝高度　　　　　　　　图 5-3　测量角焊缝高度

图 5-4　游标卡尺

游标卡尺由尺身和游标尺等构成，有 0.02mm、0.05mm、0.1mm 三种分度值，最常用的为 0.02mm。

在测量前，应把游标卡尺擦干净，检查量爪的两个测量面和测量刃口是否平直无损，把两个量爪紧密贴合时，应无明显的间隙，同时游标尺和尺身的零刻线要相互对准。在移动游标尺时，活动要自如，不应过松或过紧，更不能有晃动现象。用紧固螺钉固定游标尺时，读数不应有所改变。

读数时，先在尺身上读出游标尺零刻线以左的刻线数，即以毫米为单位的整数部分，再看游标尺上的第几条刻线与尺身上的刻线对齐，将此刻线数乘以游标卡尺的分度值就是以毫米为单位的小数部分，以上两部分数据相加即为游标卡尺的读数，如图 5-5 所示。

三、车身间隙量规

车身间隙量规（图 5-6）用于检测车身相邻部件间的间隙，以便维修人员精准调节并与原厂车身标准间隙和对齐规格进行对比。

四、车身样板规

车身样板规（图 5-7）用于检测车身外表面的弧度，以确认板件的凹陷损伤是否修复到位。

五、车身伸缩量尺

车身伸缩量尺（图 5-8）用于测量维修后的车身框架尺寸及底盘尺寸。

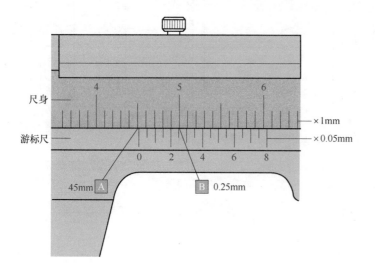

图 5-5　游标卡尺读数（分度值为 0.05mm）

图 5-6　车身间隙量规

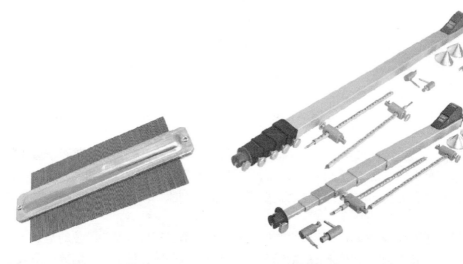

图 5-7　车身样板规

图 5-8　车身伸缩量尺

六、扭力扳手

在紧固螺钉、螺栓、螺母等螺纹紧固件时，需要控制施加力矩的大小，以保证螺纹紧固且不至于因力矩过大破坏螺纹。扭力扳手（图 5-9）可以预先设定好一个需要的扭矩值上限（根据汽车车身紧固件紧固规格进行调整），当施加的扭矩达到设定值时，扭力扳手会发出"咔嗒"声响，表示螺纹紧固件已经紧固。

图 5-9 扭力扳手

 任务实施

（一）作业准备

1. 设备器材

焊接检测尺、游标卡尺、扭力扳手、钢卷尺、车身伸缩量尺、高压清洗机、车身间隙量规、车身样板规等。

2. 个人防护工具

工作服、安全鞋、安全帽、防水服、橡胶手套、防滑鞋、棉纱手套等。

3. 场地设施

汽车实操实训室、汽车清洗实训室。

4. 耗材

水。

（二）工作计划

将学生四人分为一组，安排在汽车实操实训室与汽车清洗实训室，分别进行各种工具设备的操作使用。

（三）实施工作

根据知识准备的内容，进行汽车外观检查工具设备的操作使用。

 任务练习

1. 判断题

1）焊接检测尺用来检测焊接的各种坡口角度、高度、宽度、间隙、咬边深度。（ ）

2）游标卡尺是一种常用的量具，具有结构简单、使用方便、精度中等和测量的尺寸范围大等特点，可以用它来测量零件的外径、内径、长度、宽度、厚度、深度和孔距等，应用范围很广。（ ）

3）使用游标卡尺测量前可以不对其进行校准。（ ）

4）游标卡尺的读数公式：$I=X+n\times$ 分度值，I 为整毫米数，X 为测量长度，n 为游标上第几刻线对齐。（ ）

2. 填空题

1）焊接检测尺主要由主尺、（ ）、（ ）、锁紧装置等组成。

2）游标卡尺主要由尺身、内测量爪、外测量爪、（ ）（ ）、深度尺、尺框、紧固螺钉、微调装置等组成。

3）游标卡尺根据分度值的不同分为（　　　）mm、（　　　）mm 和（　　　）mm 三种。（　　　）mm 分度值的游标卡尺使用最多。

4）对于汽车外板件的凹陷损伤修复，可以使用（　　　）检测车身外表的弧度。

3. 选择题

1）焊接检测尺可以用来检测焊接参数没有（　　　）。

    A. 坡口角度　　　　　　　　　　　B. 高度

    C. 直径　　　　　　　　　　　　　D. 咬边深度

2）游标卡尺上游标的刻线数越多则游标的（　　　）。

    A. 结构越小　　　　　　　　　　　B. 长度越短

    C. 分度值越大　　　　　　　　　　D. 读数精度越高

 任务评价

评 价 指 标		学生自评（30%）	小组互评（30%）	教师评价（40%）
素质评价（20%）	劳动态度（4分）			
	工作纪律（4分）			
	安全操作（4分）			
	环境保护（4分）			
	团队协作（4分）			
技能评价（80%）	工具使用（10分）			
	任务方案（10分）			
	实施步骤（40分） 焊接检测尺的操作使用			
	游标卡尺的操作使用			
	车身间隙量规的操作使用			
	车身样板规的操作使用			
	车身伸缩量尺的操作使用			
	扭力扳手的操作使用			
	完工检查，6S 管理			
	完成结果（10分）			
	作业完成（10分）			
本次得分				
最终得分				

教师签名：_____

日期：_____年___月___日

任务二

汽车内外观及功能检查

 任务目标

知识目标	1. 能概括汽车更换板件后焊接效果检查的流程。
	2. 能概括汽车车身防腐效果检查的流程。
	3. 能概括汽车可拆卸组件装配间隙检查的流程。
	4. 能概括汽车车身外表弧度检查的流程。
	5. 能概括车身框架及底部尺寸检查的流程。
	6. 能概括检查车身紧固件紧固力矩的流程。
	7. 能概括汽车内饰检查的流程。
	8. 能概括汽车整体清洁检查的流程。
	9. 能概括汽车密封功能检查的流程。
	10. 能概括汽车可拆卸部件功能检查的流程。
能力目标	完成汽车焊接效果的检查。

 知识准备

一、焊接效果检查

（一）气体保护焊效果检查

1. 气体保护焊缺陷
气体保护焊常见缺陷有以下几种，如图 5-10 所示。

2. 检查焊接效果
1）进行焊缝外观检验前，应将妨碍检验的渣皮、飞溅物等清理干净。
2）外观检验可用目测、5~10 倍的放大镜及专用检具（如焊接检测尺）进行检查。

3）焊缝外表面缺陷可用渗透探伤等方法进行检查。

4）检查焊缝段数、尺寸等，应符合工艺要求。

气孔
产生原因：板件表面不干净保护气体不足

焊接不足
产生原因：焊丝出丝速度太慢

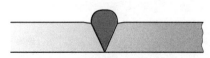

焊疤很高
产生原因：电流太小未熔合

未焊透
产生原因：焊丝出丝速度太慢，焊炬
角度不对，移动速度太快

图 5-10 气体保护焊缺陷

（二）电阻点焊效果检查

1. 焊点间距检查

使用游标卡尺检查电阻点焊焊点之间的间距是否达到原厂标准，如图 5-11 所示。

2. 焊接位置检查

焊接位置不允许在焊接板材的边缘处，如图 5-12 所示。

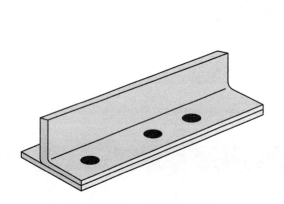

图 5-11 焊点间距检查

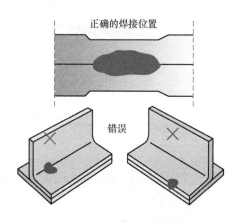

图 5-12 点焊焊接位置检查

二、车身防腐效果检查

1）确认维修后的金属表面是否按照厂商规定进行了安全防腐作业（为防止生锈，维修后应该依照厂商的工艺规范对所有表面进行防腐处理），如图 5-13 所示。

2）检查车身空腔防腐位置是否进行了防腐作业，横梁与工艺孔的内表面防腐位置如图 5-14 所示，底盘防腐保护如图 5-15 所示。

图 5-13　车身防腐作业

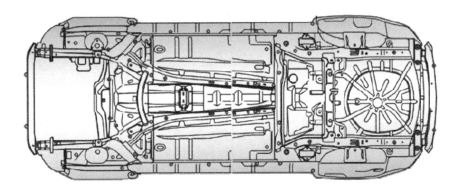

图 5-14　横梁与工艺孔的内表面防腐

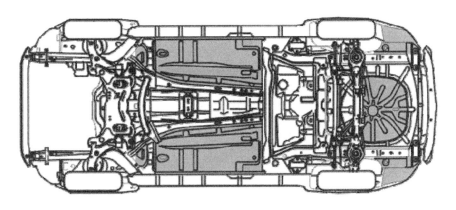

图 5-15　底盘防腐保护

三、可拆卸组件装配间隙检查

1）查询原厂维修手册，找到车身外部组件装配间隙段差，如图 5-16 所示。

2）使用厚薄规测量车身维修、更换装配后的间隙段差，如图 5-17 所示。

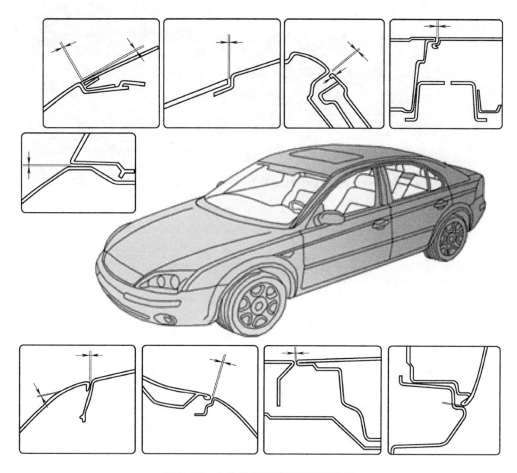

图 5-16　车身外部组件装配间隙段差

图 5-17　测量汽车外部组件装配间隙段差

3）检查装配间隙位置如图 5-18 所示。

图 5-18 检查装配间隙位置

四、车身外表面弧度检查

使用样板规检查修复后的车身弧度，如图 5-19 所示。

图 5-19 检查维修后的车身弧度

五、车身框架及底部尺寸检查

1）查询原厂维修手册，找到车身框架尺寸及车身底部尺寸的标准数据，如图 5-20 所示。

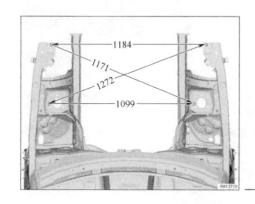

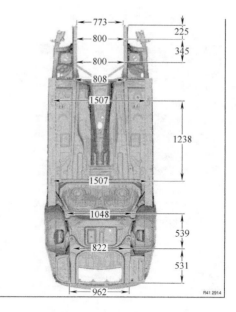

图 5-20　查询原厂维修手册

2）使用伸缩量尺测量维修后的车身框架尺寸及底部尺寸，并与原厂手册进行对比，确认误差，如图 5-21 所示。

六、车身紧固件紧固力矩检查

1）查询原厂维修手册，找到车身紧固件紧固规格。

2）将扭力扳手调节到对应的力矩，检查拆卸零件组装螺栓（钉）的拧紧力矩是否达到原厂的要求，如图 5-22 所示。

图 5-21　测量车身框架尺寸

图 5-22　检查螺栓（钉）拧紧力矩

七、车身内饰检查

检查车内装饰的清洁程度、组装品质、有无工具遗留等，如图 5-23 所示。

图 5-23　车身内饰检查

八、整体清洁检查

用高压清洗机清洗车辆，检查车身外观是否清洁，观察车身损伤区域是否修复完整，如图 5-24 所示。

九、密封功能检查

使用高压水柱确认车身防水密封功能，应无漏水迹象，如图 5-25 所示。

图 5-24　整体清洁检查　　　　　　图 5-25　检查车身密封功能

十、车辆可拆卸部件功能检查

（一）汽车灯光检查

1）依次打开前照灯、尾灯、转向灯、示廓灯，检查其功能是否正常，如图 5-26 所示。

2）使用前照灯检测仪检查汽车前照灯近光光束照射位置偏移量，如图 5-27 所示；以及远光光束发光强度，如图 5-28 所示。

（二）汽车可拆卸组件功能检查（门窗等）

对汽车可拆卸组件功能测试，如图 5-29 所示。

图 5-26　汽车灯光功能检查

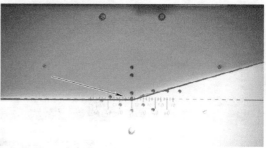

图 5-27　近光光束照射位置偏移量检查

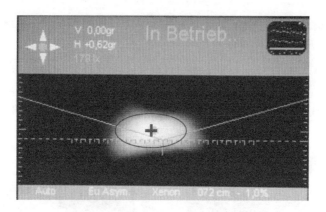

图 5-28　远光光束发光强度检查

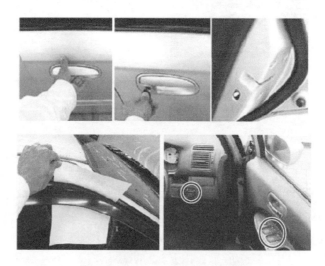

图 5-29　汽车可拆卸组件功能测试

任务实施

（一）作业准备

1. 设备器材

双柱举升机、焊接检测尺、钢卷尺、车身伸缩量尺、手持式照明灯、扭力扳手、车身间隙量规、塑料样板规、游标卡尺、钣金锉刀、前照灯检测仪等。

2. 个人防护工具

工作服、安全鞋、安全帽、防水服、橡胶手套、防滑鞋、棉纱手套等。

3. 场地设施

汽车实操实训室、汽车清洗实训室。

4. 耗材

水。

（二）工作计划

将学生四人分为一组安排在汽车实操实训室，分别进行车身更换板件后焊接效果的检查、车身防腐效果的检查、汽车可拆卸组件装配间隙检查、汽车车身外表弧度的检查、汽车车身框架及底部尺寸检查、车身紧固件紧固力矩的检查、汽车内饰检查、汽车整体清洁的检查、汽车车身密封功能的检查、汽车可拆卸组件功能的检查。

（三）实施工作

1. 进行汽车外观检查

1）进行汽车外观检查之前，必须做好个人的防护，需佩戴手套等安全个人防护用品。

2）汽车外观检查主要检查的项目是：_____。

3）外观检查主要步骤：

①检查更换板件后的焊接效果，是否有焊接缺陷。

②检查车身维修后的金属表面是否进行了防腐作业，检车车身空腔防腐位置是否进行了防腐作业。

③检查车身可拆卸组件装配间隙差、段差等是否符合要求。

④检查车身框架及底部尺寸是否正常。

⑤检查车身紧固件紧固力矩是否符合要求。

4）任务完成后，整理工位，6S 管理。

2. 进行汽车内饰检查

1）进行汽车内饰检查之前，必须做好个人的防护，需佩戴手套等安全个人防护用品。

2）进行汽车内饰主要检查的项目是：_____。

3）内饰检查主要步骤：

①汽车防护作业，使用汽车防护五件套。

②检查车内装饰的清洁程度。

③检查车内组件的组装品质。

④检查车内有无遗留的工具。

4）任务完成后，整理工位，6S 管理。

3. 进行汽车功能检查

1）进行汽车功能检查之前，必须做好个人的防护，需佩戴手套等安全个人防护用品。

2）汽车功能检查主要检查的项目是：_____等。

3）功能检查主要步骤：

①汽车防护作业，使用汽车防护五件套。

②调整汽车座椅，检查是否可以正常调节（前后、上下）。

③打开汽车开关，不起动，查看各仪表显示是否正常。

④两个人配合检查，汽车各灯光、雷达工作是否正常。

⑤中控台控制功能检查（音响、空调）。

⑥其他相关功能检查（刮水器、玻璃清洁剂等）。

4）任务完成后，整理工位，6S 管理。

任务练习

1. 判断题

1）车辆外观检查的主要项目是零部件间的缝隙和油漆表面的质量。　　　　　（　　　）

2）进行内饰检查时，必须要佩戴维修时使用的手套。　　　　　　　　　　（　　　）

3）前照灯与板件之间的间隙较小时，可以通过调整前照灯的位置进行解决。（　　　）

4）车轮轮胎螺钉必须尽最大的力气进行拧紧。　　　　　　　　　　　　　（　　　）

5）进行车辆灯光检查时，需要两个维修人员进行配合。　　　　　　　　　（　　　）

6）在检查汽车轮胎扭力时，可以使用所有可以紧固螺钉的扳手。　　　　　（　　　）

7）车辆进行功能检查之前，必须对车辆内饰做出相应的防护措施。　　　　（　　　）

2. 选择题

1）下列选项中，哪一项不是外观检查的重点？（　　　　）

　　A. 车门与 B 立柱之间的缝隙大小

　　B. 后尾灯与后备厢盖之间的缝隙大小

　　C. 前大灯与发动机舱盖之间的缝隙大小

　　D. 两根前纵梁之间的尺寸大小

2）下列车身尺寸测量工具中，哪一项可以作为车门间隙的尺寸测量？（　　　　）

　　A. 间隙规　　　　　　　　　　　　　B. 伸缩量尺

　　C. 塞尺　　　　　　　　　　　　　　D. 游标卡尺

3）下列选项中哪一项不是内饰检查的重点项目？（　　　　）

　　A. 座椅等表面是否有油污杂质

　　B. 发动机舱是否清洁干净

　　C. 内饰中是否存留被拆卸的废部件

　　D. 座椅前后移动是否顺畅

4）下列选项中哪一项不是功能检查的重点项目？（　　）

A. 车辆灯光

B. 车辆座椅的调节

C. 车门是否可以正常开关

D. 仪表盘显示功能

 任务评价

评 价 指 标				学生自评（30%）	小组互评（30%）	教师评价（40%）
素质评价（20%）	劳动态度（4分）					
	工作纪律（4分）					
	安全操作（4分）					
	环境保护（4分）					
	团队协作（4分）					
技能评价（80%）	工具使用（10分）					
	任务方案（10分）					
	实施步骤（40分）		汽车外观检查			
			汽车内饰检查			
			汽车功能检查			
			完工确认			
		完工检查，6S管理				
	完成结果（10分）					
	作业完成（10分）					
本次得分						
最终得分						

教师签名：＿＿＿＿＿＿＿＿＿＿＿＿＿

日　期：＿＿＿＿＿年＿＿＿月＿＿＿日

项目六　最新车身维修设备介绍

　　电子式车身测量系统可以利用计算机和传感器来迅速、便捷地测量车身结构的损坏情况。在电子式车身测量系统中，计算机数据库储存了大量不同厂家、不同年代的原厂车身数据，在测量时可以将实际的测量值与相对的车型车身的标准数据进行比较，以确定车身结构是否变形以及变形的具体数值，免去了人工查阅数据手册。电子式车身测量系统被广泛应用到事故车维修、维修质量检测、维修质量纠纷鉴定、专业院校教学、二手车评估等领域。

　　新型车身结构校正系统能快速有效地解决钣金整体框架（包括门框、风窗框、行李舱、后翼子板、轮罩等部位）的整形修复问题，并且可以与车身钣金快修组合工具及车身校正仪配合使用。

　　新型车身小凹陷修复设备是用于收缩拉伸过度的金属以及无法使用常规工具设备修复的小凹陷修复新技术，其是通过电磁热感应脉冲消除金属板件的内应力达到完美修复的效果。

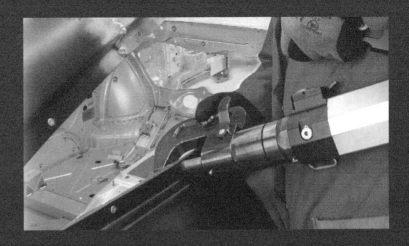

任务一

新型车身维修设备介绍

 任务目标

知识目标	1. 能说出新型电子式车身测量系统的功能和应用。
	2. 能说出新型车身结构校正系统的功能和应用。
	3. 能说出新型车身小凹陷修复设备的功能和应用。
能力目标	1. 能指认出新型电子式车身测量系统各组成零部件。
	2. 能指认出新型车身结构校正系统各组成零部件。
	3. 能指认出新型车身小凹陷修复设备各组成零部件。

 知识准备

一、新型电子式车身测量系统

新型电子式车身测量系统可以利用计算机和传感器来迅速、便捷地测量车身结构的损坏情况。在电子式车身测量系统中，计算机数据库储存了大量不同厂家、不同年代的原厂车身数据，在测量时可以将实际的测量值与相对的车型车身的标准数据进行比较，以确定车身结构是否变形和变形的具体数值，免去了人工查阅数据手册。

新型电子式车身测量系统具有测量精度高、标准数据库强大，操作简便、能打印输出直观的报告结构等特点，被广泛应用到事故车维修、维修质量检测、维修质量纠纷鉴定、专业院校教学、二手车评估等领域。

（一）新型电子式车身测量系统特点

新型电子式车身测量系统如图 6-1 所示，其特点如下：

1）通过蓝牙无线连接，测量系统与计算机无线通信，测量过程及结果不受外界因素影响。

2）测量系统由铝合金刻度滑轨和滑动测量臂组成。

3）能够检测和修复任何车型，无论车辆机械部分是否拆卸。

4）测量软件具有自动移动补偿功能，保证测量不受位置、时间的限制。

5）数据库可以通过网络进行升级、更新。

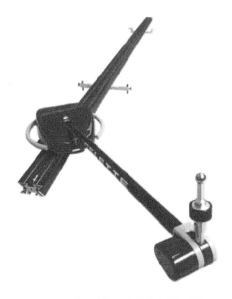

图 6-1　新型电子式车身测量系统

（二）新型电子式车身测量系统功能

新型电子式车身测量系统可以配合多种设备完成损伤诊断、基本维修、小修及大事故维修，如图 6-2 所示。

诊断——双柱举升机　　　　　　　　　基本维修——地八卦

小修——拉拔举升平台　　　　　　　结构维修——车身校正平台

图 6-2　诊断及维修配合使用设备

（三）新型电子式车身测量设备组成

新型电子式车身测量设备由 4m 长铝合金材质滑轨、测量装置、电子式车身测量设备测量头、存储柜及测量软件计算机放置柜、各种测量头及不同高度部位测量杆组成，新型电子式车身测量设备如图 6-3 所示，各种测量头及测量杆如 6-4 所示。

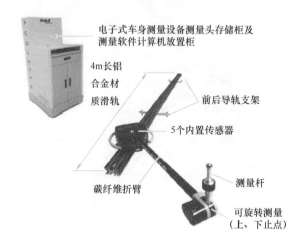

图 6-3　新型电子式车身测量设备组成

图 6-4　新型电子式车身测量设备测量头及测量杆

（四）新型电子式车身测量系统应用领域

1. 在车身整形作业中的应用

在车身修复过程中为维修人员提供车身各个基准点的数据测量，并将测量数据与出厂时标准数据进行对比，指导维修人员进行维修，从而提高车身修复的精度、降低事故车的维修难度，使整个修复过程变得有据可依。其不仅可以进行维修前后的测量，还可以配合校正平台进行拉伸修复时的同步检测，维修人员通过计算机显示的拉伸数据准确地控制拉伸方向和力度，如图 6-5 所示。

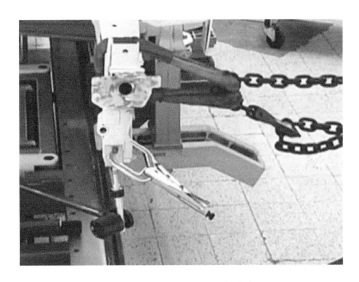

图 6-5 在车身整形作业中的应用

2. 检测受损零部件

在车身修复过程中，对一些变形不明的车身零部件，维修人员并不容易确定是否一定需要更换，利用电子式车身测量系统可以很快地对车身零部件进行检验，通过测量数据并与出厂时的标准数据相比较，来决定是否对其更换，从而提高维修企业的经济效益，如图 6-6 所示。

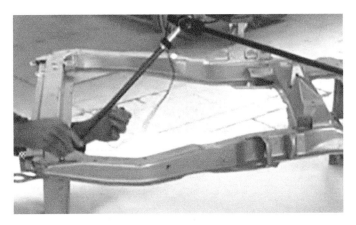

图 6-6 检测受损零部件

3. 二手车鉴定检测

在二手车辆鉴定评估过程中引入电子式车身测量系统，如图 6-7 所示。

1）不需要拆卸车辆的附件，省时省力。

2）定期更新的强大车型数据库涵盖了市场多数的乘用车。

3）对工作环境要求不高。

4）能够实时打印检测报告，防止维修不合格的事故车流入二手车市场进行交易，杜绝产生安全隐患。

图 6-7　二手车鉴定检测

4.专业院校教学

将电子式车身测量系统引入职业教育的教学中，使学生能够了解整车变形的测量原理，会规范运用电子式车身测量系统进行整车的变形检测和分析，为维修企业输送理论先进、技术实用的一线工人，如图 6-8 所示。

图 6-8　专业院校教学

二、新型车身结构校正系统

（一）新型车身结构校正系统介绍

新型车身结构校正系统，即伸缩气动撑杆组（图 6-9）能快速有效地解决钣金整体框架（包括门框、风窗框、行李舱、后翼子板、轮罩等部位）的整形修复问题，并且可以与车身钣金快修组合工具及车身校正仪配合使用。车身框架变形的主要原因是汽车发生严重碰撞，这种变形大多数是塑性变形，可以使用车身结构校正系统，通过拉和压的方式对车身框架做整体的修复。在修复变形作业时，其能使车身框架逐渐恢复原位，钣金的整形修复品质相对提高。

图 6-9　新型车身结构校正系统（伸缩气动撑杆组）的应用

伸缩气动撑杆组主要由车身整形气动压力机（图 6-10）、适配器、加长管等组成，如图 6-11 所示。车身整形气动压力机完全采用气动增压方式，区别于传统的液压增压方式，避免了液压油渗漏和液压缸磨损等问题，同时其可以朝两个方向施加相同的力，即拉力和压力相同。

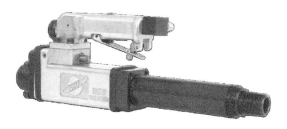

图 6-10　车身整形气动压力机

图 6-11　伸缩气动撑杆组

（二）新型车身结构校正系统应用

1. 车身表面深度凹损修复

对于车身表面的深度凹损，车身结构校正系统可以和车身外形修复系统配合使用，如图 6-12 所示。植入介子片后插入牵引杆，选用车身结构校正系统的拉钩夹具扣住牵引杆，起动气动压力机，凹损在几秒钟之内就被拉平。

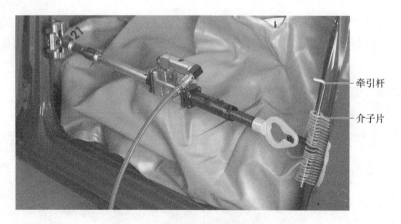

图 6-12　汽车表面的深度凹损修复

2. 风窗框修复

车身结构校正系统和加长管、楔子座、V形座等配件配合能有效修复风窗框的挤压变形，如图6-13所示，多样化的配件组合方式可从各个角度完成修复工作，强大的伸缩力能有效地支撑变形位置，使操作更加高效、轻松。

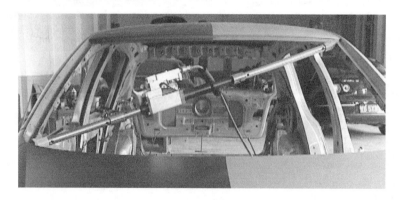

图 6-13　风窗框修复

3. 行李舱修复

车身结构校正系统的可调式抓钩等配件可对行李舱损伤进行修复，如图6-14所示，调整好位置后，轻按车身结构校正系统上的按钮，即可快速完成修复作业。

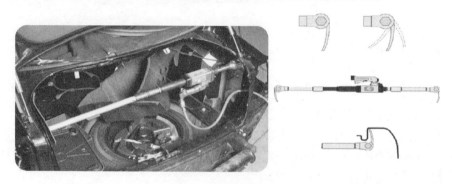

图 6-14　行李舱修复

4. 门框、门槛修复

对于门框、门槛出现的棱线变形，可将窄夹子、宽夹子和调整管相互配合固定在车身相应位置，起动气动压力机，修复变形，如图 6-15 所示。

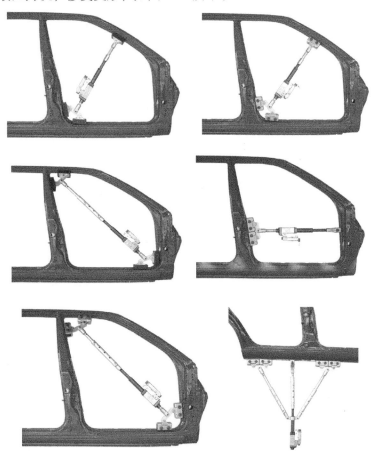

图 6-15　门框、门槛修复

5. 护轮板修复

对于护轮板等狭小空间，车身结构校正系统也可轻松操作，灵活地搭配不同的适配器（平底脚和 V 形座及其他连接附件配合使用等组合方式）可以有效地修复凹损部位，如图 6-16 所示。

三、新型车身小凹陷修复设备

热感应修复技术是用于收缩拉伸过度的金属以及无法使用常规工具设备修复的小凹陷修复新技术，其通过电磁脉冲消除金属板件的内应力以达到修复的效果，如图 6-17 所示。热感应修复设备（图 6-18）分为钢材车身修复设备及铝合金材质车身修复设备两种，具有操作简单、节省维修时间等优点。

热感应修复设备可以预设时间，并在设定的时间到了以后停止工作，可设置的时长有 0.5s、1s、1.5s、2s、3s 和 4s，也可以设置功率百分比为 20%、40%、60%、80% 和 100%。

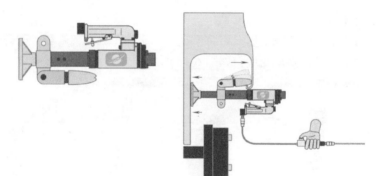

图 6-16　护轮板修复

图 6-17　热感应修复

热感应修复

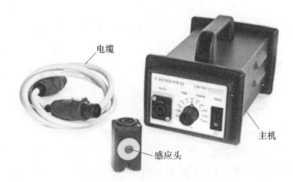

图 6-18　热感应修复设备

任务实施

（一）作业准备

1. 设备器材

多媒体设备、新型电子式车身测量系统、伸缩气动撑杆组、热感应修复机。

2. 个人防护工具

工作服、工作帽、安全鞋、棉纱手套、耳塞、防尘口罩等。

3. 场地设施

汽车钣金实操实训场地、理实一体化教室。

（二）工作计划

1）先将学生分为四组在理实一体化教室，通过传授法、分组讨论法、视频观摩法、车身模拟板件观察法等方法认识学习现代车身维修新型设备的应用，了解维修原理及工艺。

2）每四个学生分为一组安排在汽车钣金实操实训场地，根据老师传授的知识进行新型维修设备的近距离接触，并在老师指导下认识现代车身维修新型设备。

（三）实施工作

1. 新型电子式车身测量系统认知

要求学生可以说出新型电子式车身测量系统上所有零部件的名称，并且可以指出各零部件及相关组件的作用。

2. 新型车身小凹陷修复设备认知

要求学生可以说出热感应式车身凹陷修复设备上所有零部件的名称，并且可以指出各零部件及相关组件的作用。

任务练习

1. 判断题

1）新型电子式车身测量系统测量之前，不需要任何的设定，可以直接对受损的位置进行测量。　　　　　　　　　　　　　　　　　　　　　　　　　　　　　（　　）

2）同一台热感应修复设备可以同时修复钢材质车身凹陷与铝合金材质车身凹陷。
　　　　　　　　　　　　　　　　　　　　　　　　　　　　　　　　　　（　　）

3）车身整形气动压力机可以施加相同的拉力和压力。　　　　　　　　　　（　　）

2. 填空题

1）新型电子式车身测量系统是利用_____和_____来迅速、便捷地测量车身结构的损坏情况。

2）伸缩气动撑杆组的主要构件是_____。

3）热感应修复技术是用于_____以及_____的小凹陷修复新技术。

任务评价

评 价 指 标			学生自评 （30%）	小组互评 （30%）	教师评价 （40%）
素质评价 （20%）		劳动态度（4分）			
		工作纪律（4分）			
		安全操作（4分）			
		环境保护（4分）			
		团队协作（4分）			
技能评价 （80%）		工具使用（10分）			
		任务方案（10分）			
	实施步骤 （40分）	安全防护穿戴			
		可以详细地说出新型电子式车身测量系统各组件的名称			
		可以详细地指出新型电子式车身测量系统的应用领域			
		可以详细地说出新型车身结构校正系统的应用			
		可以详细地指出新型车身小凹陷修复设备中各组件的名称			
		完工检查，6S 管理			
	完成结果 （10分）				
	作业完成 （10分）				
本次得分					
最终得分					

教师签名：_____

日期：_____年___月___日

任务二
新型车身维修设备操作

任务目标

知识目标	能描述新型电子式车身测量系统的操作流程。
能力目标	能正确使用电子式车身测量系统。

知识准备

新型电子式车身测量系统操作

新型电子式车身测量系统操作相对简单，具体操作步骤如下：

1）将待检测的车上升到工作高度，拆掉汽车底盘护板等保护发动机总成、底盘的零部件。

2）将测量装置移动到汽车底盘底下，将铝合金滑轨前部箭头指示的方向放于车身的前部，如图 6-19 所示。

3）将测量头移动到后支架上，碳纤维折臂与后导轨支架对齐，如图 6-20 所示。

图 6-19　放置测量装置

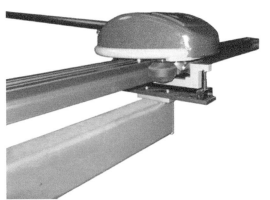

图 6-20　碳纤维折臂与后导轨支架对齐

4）解锁前导轨支架的两个销子，使其自由落体，并锁紧，如图 6-21 所示。

5）调整前导轨支架，只需与导轨接触即可，无间隙，无压力（用手敲击），如图 6-22 所示。

图 6-21　前导轨支架销子解锁并自由落体

图 6-22　调整前导轨支架

6）将测量头放在初始化位置上，并用手按住至测量头在下止点位置，如图 6-23 所示。

7）用另一只手按下测量装置的开关，测量头在初始化位置保持至少 5s，如图 6-24 所示。

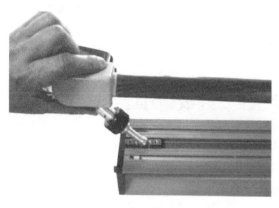

图 6-23　测量头放在初始化位置

图 6-24　按下测量装置的开关保持 5s

8）将测量头回归上止点位置，推动测量装置，位移至少超过铝合金滑轨上的三个孔位，如图 6-25 所示。

9）双击桌面上的电子式车身测量系统软件图标，打开软件。

10）单击测量图标进入车身测量模式，如图 6-26 所示。

11）选择待测车辆的品牌，如图 6-27 所示。

12）选择对应的车型、生产年代等，从数据库内调出符合车型的数据图，如图 6-28 所示。

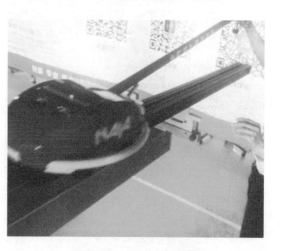

图 6-25　滑动测量装置

半自动电子式车
身测量系统操作

图 6-26　进入车身测量模式

图 6-27　选择车辆品牌

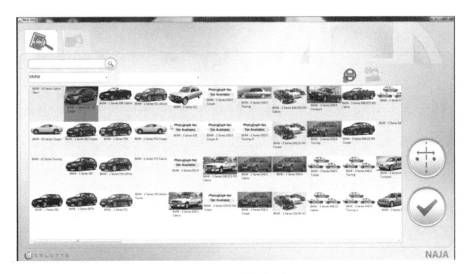

图 6-28　选择车型

13）单击确认选择图标进入测量。

14）选择测量维修模式：1- 全不拆；2- 车辆前方机械部件全部拆除（前桥、发动机总成等）；3- 车辆后方机械部件全部拆除（后桥等）；4- 白车身（全拆），如图 6-29 所示。

图 6-29　选择维修模式

15）在测量第一个点之前，需要单击蓝牙图标按钮，激活软件和测量头之间的蓝牙连接，如图 6-30 所示。

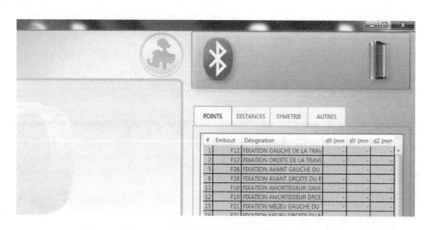

图 6-30　单击蓝牙图标

16）移动测量装置，如图 6-31 所示。

17）电子式车身测量系统软件将检测测量杆的型号，表示测量软件与测量装置蓝牙对接完成，如图 6-32 所示。

18）选择 4 个基准点进行测量，以确保电子式车身测量系统软件找到一个参考平面，如图 6-33 所示。

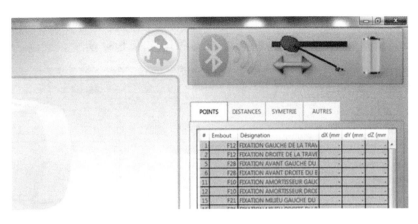

图 6-31　移动测量装置

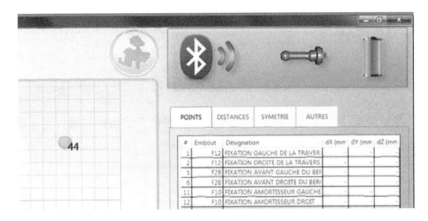

图 6-32　自动甄别测量杆

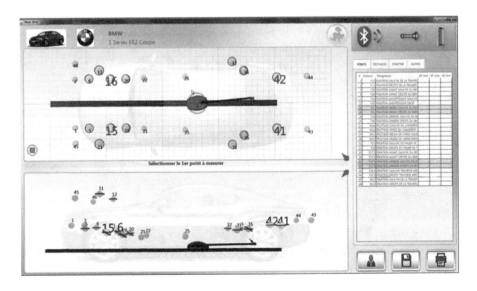

图 6-33　选择 4 个基准点

19）选择两对对称点进行测量，且两对对称点距离不能太近，选择好了会字体变大变红。

20）依次测量 4 个基准点，遵循左单右双的原则，如图 6-34 所示。

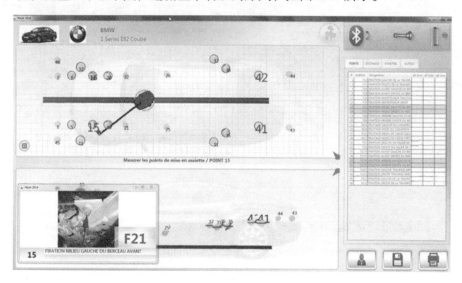

图 6-34　测量 4 个基准点

21）拖动测量臂至待检测位置附近，测量软件界面会自动显示测量位置及选择测量头的规格，如图 6-35 所示。

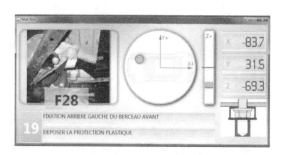

图 6-35　测量提示

22）选择界面提示的测量头进行测量，如图 6-36 所示。

图 6-36　测量

23）按下测量键，计算软件会声音提示该点测量结束，可以从界面右侧得到该点的变形量，如图 6-37 所示。

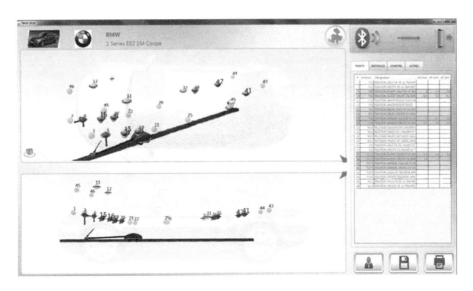

图 6-37 变形量显示

24）单击"人物"图标，进入"工单备文"界面，输入客户信息，包括车辆信息及车主信息，如图 6-38 所示。

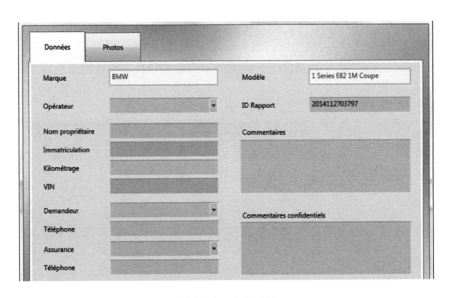

图 6-38 建立工单

25）单击"保存"图标，进行数据保存。

26）单击"打印"图标进入打印预览界面，再单击左上角"打印机"图标进行数据打印，如图 6-39 所示。

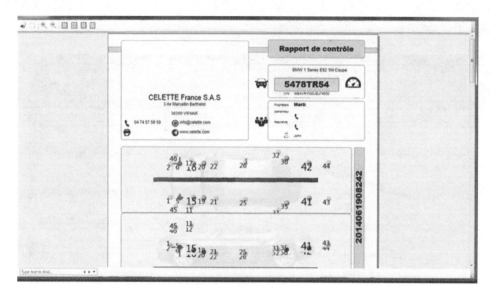

图 6-39　打印数据

　任务实施

（一）作业准备

1. 设备器材

双柱举升机、电子式车身测量系统、车身校正仪、电子式车身测量系统支架、计算机（含主机）等。

2. 个人防护工具

安全帽、工作服、安全鞋、护目镜、棉纱手套、防护面罩等。

3. 场地设施

汽车钣金实操实训场地。

（二）工作计划

每八个学生分为一组安排在汽车钣金实操实训场地，进行电子式车身测量系统的操作。

（三）实施工作

1）学生正式操作之前。老师需确认车身前部、车身中部、车身后部各 4 个测量点，计 12 个 6 对测量点。

2）学生开始使用新型电子式车身测量设备对 6 对测量点进行测量作业。

任务练习

1. 判断题

1）进行电子式车身测量系统操作时必须进行初始化操作。　　　　　　　（　　　）

2）使用电子式车身测量系统测量车身测量点时，用手拿住测量头按下开关即可。（　　　）

2. 选择题

1）进行电子式车身测量系统测量时，需要选择（　　　）个基准点进行测量。

　　A. 2　　　　　　　　B. 3　　　　　　　　C. 4　　　　　　　　D. 5

2）使用电子式车身测量系统测量车身时，操作错误的是（　　　）。

　　A. 操作前需要对测量头进行初始化

　　B. 需要拆卸汽车底盘的防护板

　　C. 测量基准点可以为车身上的任意点

　　D. 进行车身测量时，必须选择于提示相同的测量头

任务评价

评 价 指 标			学生自评（30%）	小组互评（30%）	教师评价（40%）
素质评价（20%）		劳动态度（4分）			
		工作纪律（4分）			
		安全操作（4分）			
		环境保护（4分）			
		团队协作（4分）			
技能评价（80%）		工具使用（10分）			
		任务方案（10分）			
	实施步骤（40分）	安全防护穿戴			
		电子式测量系统操作的规范性			
		测量数据的准确性			
		完工检查，6S 管理			
	完成结果（10分）				
	作业完成（10分）				
本次得分					
最终得分					

教师签名：_____

日期：_____年____月____日

参考文献

［1］ 郑志霄.汽车钣金的拉伸修复［J］.农机使用与维修，2017（10）：49.

［2］ 吴磊.汽车车身损伤评估分析及维修方案的确定［J］.汽车维修与保养，2018（8）：80-81.

［3］ 张启森.浅谈汽车车身材料的发展趋势［J］.汽车维修与保养，2012（7）：58-59.

［4］ 臧联防.车身碰撞损伤诊断汽车车身修复基础知识讲座（23）［J］.汽车维修与保养，2011（6）：89-91.

［5］ 陈昭仁，黄建铭.汽车钣金基础学习工作页［M］.上海：华东师范大学出版社，2019.